Bênçãos dos Anjos
para os Bebês

Bênçãos dos Anjos
para os Bebês

AMBIKA WAUTERS

Tradução
Denise de C. Rocha Delela

Editora Pensamento
SÃO PAULO

Título original: *Angel Blessings for Babies*

Copyright do texto © 2010 Ambika Wauters
Copyright da edição brasileira © 2011 Editora Pensamento-Cultrix Ltda.

Publicado originalmente em inglês por Carroll & Brown Publishers
Limited, 20 Lonsdale Road, Queen's Park, Londres NW6 6RD.

Todos os direitos reservados. Nenhuma parte deste livro pode ser reproduzida
ou usada de qualquer forma ou por qualquer meio, eletrônico ou mecânico,
inclusive fotocópias, gravações ou sistema de armazenamento em banco de dados,
sem permissão por escrito, exceto nos casos de trechos curtos citados em resenhas
críticas ou artigos de revistas.

A Editora Pensamento não se responsabiliza por eventuais mudanças
ocorridas nos endereços convencionais ou eletrônicos citados neste livro.

Coordenação Editorial: Denise de C. Rocha Delela e Roseli de Sousa Ferraz
Revisão: Indiara Faria Kayo
Diagramação: Macquete Produções Gráficas

Dados Internacionais de Catalogação na Publicação (CIP)
(Câmara Brasileira do Livro, SP, Brasil)

Wauters, Ambika
    Bênçãos dos anjos para os bebês / Ambika Wauters ;
tradução Denise de C. Rocha Delela. -- São Paulo :
Pensamento, 2011.

    Título original: Angel blessings for babies.
    ISBN 978-85-315-1764-8

    1. Anjos - Meditações 2. Crianças - Meditações 3. Pais -
Livros de orações e devoções 4. Pais - Meditações I. Título.

11-12539   CDD-242.645

Índices para catálogo sistemático:
1. Bênçãos dos anjos para bebês : Meditações :
    Cristianismo   242.645

O primeiro número à esquerda indica a edição, ou reedição, desta obra. A primeira
dezena à direita indica o ano em que esta edição, ou reedição, foi publicada.

Edição	Ano
1-2-3-4-5-6-7-8-9-10	11-12-13-14-15-16-17

Direitos de tradução para o Brasil
adquiridos com exclusividade pela
EDITORA PENSAMENTO-CULTRIX LTDA.
Rua Dr. Mário Vicente, 368 — 04270-000 — São Paulo, SP
Fone: 2066-9000 — Fax: 2066-9008
E-mail: atendimento@editorapensamento.com.br
http://www.editorapensamento.com.br
que se reserva a propriedade literária desta tradução.
Foi feito o depósito legal.

Introdução 6

Bebês de Áries 8

AS ORIGENS SAGRADAS DA VIDA 10
O Anjo das Origens Sagradas da Vida 12
O Anjo da Aceitação 14
Bebês de Touro 16
O Anjo dos Futuros Pais 18

ESPERA RADIANTE 20
O Anjo da Espera Radiante 22
O Anjo do Crescimento e da Cura 24
Bebês de Gêmeos 26
O Anjo do Parto Abençoado 28
O Anjo do Resguardo 30

VÍNCULO AFETIVO COM O BEBÊ 32
O Anjo do Vínculo Afetivo 34
O Anjo da Ternura 36
Bebês de Câncer 38
O Anjo da Simplicidade 40
O Anjo da Tranquilidade 42
O Anjo da Facilidade 44

SUMÁRIO

QUALIDADES DIVINAS 46
O Anjo da Fé 48
O Anjo do Amor 50
Bebês de Leão 52
O Anjo da Confiança 54
O Anjo da Paz 56

GRATIDÃO 58
O Anjo da Celebração e do Júbilo 60
O Anjo da Consagração 62
Bebês de Virgem 64
O Anjo da Alegria 66
O Anjo da Plenitude 68

ACEITAÇÃO INCONDICIONAL 70
O Anjo do Amor Incondicional 72
O Anjo do Afeto e do Carinho 74
Bebês de Libra 76
O Anjo da Serenidade 78
O Anjo da Flexibilidade 80

ANJOS DA TERRA 82
Mãe 84
Pai 86
Bebês de Escorpião 88
Irmãs 90
Irmãos 92
Avós 94
Avôs 96
Bebês de Sagitário 98
Tias 100
Tios 102
Padrinhos 104
Bebês de Capricórnio 106

OS ANJOS E OS BEBÊS 108
Meninas 110
Meninos 112
Gêmeos e Mútiplos 114
Bebês de Aquário 116
Bebês Prematuros 118
Bebês Doentes 120
Bebês com Atraso Mental 122
Bebês Falecidos 124
Bebês de Peixes 126

Agradecimentos 128

INTRODUÇÃO

Bênçãos dos Anjos para os Bebês é um livro para todos os que estão dando as boas-vindas a um bebê que chega ao mundo. Ele oferece as magníficas e abundantes bênçãos do reino dos anjos a essa nova vida, além de orientações, meditações e orações que podem transformar a vida e o espírito da família desse bebê e de todos os que entrarem em contato com ele.

Esta obra oferece apoio espiritual, levando você a se ligar à pureza e à bondade que os bebês trazem a este mundo. Ela o ajudará a criar laços profundos e enriquecedores com essa criança, que viverá cercada de amor incondicional e total e absoluta aceitação. Essas bases lhe assegurarão estabilidade emocional e uma sensação de plenitude e unidade com toda a vida – qualidades espirituais indispensáveis para ela viver neste mundo e seguir sua vocação nesta vida.

Para os pais, este livro oferece orientações espirituais para que aceitem com amor a difícil tarefa que têm pela frente. Ele vai ajudá-los a desenvolver valores essenciais, como amor incondicional, aceitação e cuidado irrestrito. Ele também reconhece o papel fundamental dos pais na orientação dos jovens espíritos que chegam a este mundo. Com as preces e meditações aqui apresentadas, os pais terão a oportunidade de curar antigas feridas da infância que, se não tratadas, podem dificultar a plena expressão do seu amor pelo bebê e da alegria que sentem com a sua chegada. A felicidade futura do bebê depende dos laços de afeto profundo que o ligam aos pais e brotam do amor e da devoção que eles sentem por ele. Se a família cultivar sua vida espiritual e for receptiva à orientação e ao amor do reino angélico, todos os seus membros serão capazes de receber as bênçãos e a assistência desse reino.

O impulso para recorrermos à ajuda dos anjos está profundamente enraizado em todos nós. Ele é fundamental para o desenvolvimento humano e é reconhecido por todas as religiões. Os anjos concedem suas bênçãos e assistência a todos os que estão dispostos a abrir seu coração e aprender a amar cada vez mais. Ninguém precisa lutar sozinho contra as tribulações da vida quando se abre para a orientação dos anjos.

Ambika Wauters

BEBÊS DE ÁRIES

Os bebês de Áries exibem uma variedade de temperamentos que equivalem à luz do sol, às nuvens e à chuva – e todos eles num período de poucos minutos. De uma hora para outra, podem ser amáveis e ríspidos, amorosos e irritadiços, confiantes e carentes de elogios.

Em geral, os arianos são idealistas que lutam contra as injustiças e defendem os oprimidos. Não têm medo do fracasso e se dedicam de corpo e alma a uma atividade; se tropeçam, simplesmente se levantam e tentam novamente. São muito corretos em sua conduta e sempre vão direto ao ponto. Áries sempre mostra quem ele é. Não existe ocultação, complicação ou esperteza.

> **ORIENTAÇÃO DOS ANJOS**
> Por favor, ajudem-me a criar meu bebê de Áries com força e coerência. Ajudem-me a cultivar o seu lado amoroso, criativo e verdadeiro, sem tolhê-lo pelo seu gênio forte ou temperamento voluntarioso. Eu sei que esta criança tem talentos e eu gostaria de respeitá-los e estabelecer limites saudáveis que a ajudem a encontrar equilíbrio e ordem neste mundo.

Reconhecemos o Áries adulto pela sua presença vigorosa, seu aperto de mão firme e acolhedor e seu sorriso instantâneo, que nos encanta e cativa.

O ariano, porém, é egocêntrico e sempre coloca suas necessidades em primeiro lugar; relaciona-se com o mundo assim como o mundo se relaciona com ele. Quando encontra oposição, grita alto. As pessoas em geral lhe dão o que ele quer simplesmente para que fique quieto. Por essa razão, o bebê de Áries sempre mostra sem reservas o que o irrita ou incomoda.

Os bebês de Áries precisam de uma disciplina bem definida, pois podem ser provocadores e difíceis de controlar. Alimentar um bebê desse signo pode ser um desafio, pois ele coloca o prato de cereais na cabeça e cospe os legumes que, na visão dos adultos, fazem tão bem a ele. Educá-lo também pode ser uma tarefa e tanto. Os pais talvez precisem encontrar um meio termo: serem amorosos, encorajadores e dados a elogios, quando apropriado; mas também capazes de impor limites e de fazê-lo cumprir as regras.

Os bebês arianos andam e falam muito cedo e é preciso tomar cuidado para evitar que caiam e machuquem a cabeça. Como o carneiro, símbolo de Áries, essa criança muitas vezes bate de frente com a realidade. Ela pode, por exemplo, sentir muito desconforto

21 de Março a 20 de Abril

durante o nascimento dos primeiros dentinhos.

Os bebês de Áries são amorosos, costumam demonstrar seu afeto e adoram fortes abraços de urso. Podem ser generosos, mas quando seus sentimentos são desrespeitados, mostram seu gênio forte.

As crianças arianas costumam ser muito dedicadas aos estudos e têm imaginação fértil – principalmente para criar histórias de heróis conquistadores –, mas não apreciam surpresas ou qualquer coisa que abale sua frágil autoconfiança. Tornam-se líderes com características próprias. Têm um medo profundo de rejeição e de não serem amadas. Apesar de parecerem destemidas, são idealistas sensíveis, que se ofendem com facilidade, e não gostam de ser cruéis ou indelicadas.

Querido Anjo dos Bebês de Áries, *por favor ajude meu bebê a se tornar uma pessoa amorosa e responsável, que leve em consideração as necessidades dos outros e sinta um amor sincero por aqueles que se importam com as necessidades dele. Ajude-nos a cultivar no nosso filho amor pela verdade, caráter e bondade e nos ampare em nossos esforços para torná-lo uma pessoa de bem.*

AS ORIGENS SAGRADAS DA VIDA

Esta belíssima pintura nos mostra o céu amparando a chegada do Cristo encarnado num corpo humano. Os anjos celestiais que cercam Nossa Senhora e o Menino Jesus aplaudem a Sua presença. Toda a vida origina-se no espírito e todos os bebês nos lembram de que nossas origens são sagradas, espirituais e sacrossantas para o reino dos anjos e do Criador.

Os anjos são conhecidos como mensageiros de Deus. Eles carregam o impulso mais elevado para o bem e também o amor incondicional por quem somos e pelo modo como vivemos nossa vida. Eles nos inspiram sabedoria, orientações, bons atos e um senso mais profundo da nossa integridade. São nossos amigos e nossos amados companheiros ao longo da vida. Eles fazem parte do desenvolvimento da nossa alma desde os primórdios da humanidade e permanecerão conosco pela eternidade.

Quando nos tornamos seres espirituais, conscientes da verdade, do amor e da bondade, eles têm mais condições de trabalhar a nosso favor e promover o fluxo de amor e harmonia em nossa vida. Podemos invocar sua presença para que nos ajudem, nos deem proteção e nos orientem quando não sabemos as respostas para os desafios que enfrentamos. Nossos anjos estão sempre atentos às nossas necessidades; tudo o que precisamos fazer é pedir sua ajuda. Assim como cada pessoa tem seu anjo guardião, cada fase da vida também é amparada por um anjo. Existem, por exemplo, os anjos dos pais e das mães, dos irmãos e irmãs, dos tios e tias, dos avôs e avós. Segundo as tradições judaicas, existe um anjo para cada folha de grama. Se você se tornou pai ou mãe de uma criança, ou um parente próximo de uma delas, saiba que esse bebê tem um anjo que a ajudará a trilhar os caminhos da vida com amor e bondade.

Este capítulo oferece o amor e a orientação do Anjo das Origens Sagradas da Vida, com seu precioso conhecimento de que a vida não se origina na matéria, mas no espírito transvestido em carne. Ele também nos apresenta o Anjo da Aceitação, que semeia profundamente dentro do nosso ser o conhecimento do caminho mais correto para nós e que nos levará à felicidade; e, por fim, nos encaminha ao Anjo dos Futuros Pais, a grande fonte de amor e orientação para aqueles que estão prestes a vestir o manto da paternidade ou da maternidade.

Nosso destino é descobrir quem somos e de onde viemos, e essas respostas nos levarão muito além do plano material e da existência terrena. Se acreditarmos que a vida se resume à matéria e ao mecânico, deixaremos de ver

PARTE

1

muitas das verdades das nossas origens. Antes de tudo, somos seres espirituais. Nossas origens estão no reino espiritual e são determinadas pelas leis inexoráveis do universo. Viemos à Terra para cumprir as intenções divinas de amor, verdade e consciência.

    Quando reconhecemos as nossas origens espirituais, reafirmamos nossa conexão com os anjos e com toda a hierarquia espiritual. Trazemos à nossa consciência o amor de Deus por toda a humanidade, com toda a sua exuberância. Quando abordamos as realidades da vida num contexto espiritual, crescemos em espírito e enfrentamos com mais desenvoltura os desafios que a vida nos apresenta. Abrimos as portas para a verdade do amor, da alegria, da cura e da integridade.

    As escolhas que fazemos na vida expandem ou ocultam a realidade das nossas origens espirituais. Manter-se conectado à Fonte, que é a presença viva de Deus dentro de nós, é uma forma maravilhosa de viver uma vida consciente. Desenvolvemos nossos impulsos morais e deixamos que eles operem em nós, por nós e através de nós, em nosso coração e na nossa mente. Essa é a maior herança que podemos deixar aos nossos filhos.

Neste quadro de Rafael, Madona do Foligno, *Nossa Senhora faz cócegas no Menino Jesus, que está contente e à vontade nos braços da mãe. Esse é um simples ato humano entre a mãe e seu bebê, unidos pelos laços de amor, alegria e encantamento, na presença de vários santos e do doador da pintura.*

O ANJO DAS Origens Sagradas da Vida

"Eu reafirmo as origens sagradas da minha vida. Sei que a minha vida e a vida do meu filho têm um propósito sagrado."

ORIENTAÇÃO DOS ANJOS

Peço para ter uma compreensão mais profunda das origens sagradas da vida. Invoco a ajuda dos anjos para aceitar que o meu bebê me escolheu como mãe e escolheu a nossa casa, onde irá crescer forte e feliz. Reconheço as escolhas que faço neste momento pelo amor, pela felicidade e pela integridade. Ajudem-me a reconhecer também as escolhas do meu bebê. Sei que o meu bebê trará o amor de Deus para nos curar a todos. Sei que ele terá sua própria família e seu próprio destino. Ajudem-me a aceitar e ouvir os anjos e a sua orientação, para que eu faça escolhas mais sábias e saudáveis para o meu bebê.

As origens sagradas da vida são uma parte essencial dos primórdios da nossa raça na Terra; elas são os próprios alicerces do nosso ser. É fácil, porém, esquecer que somos seres espirituais e que as nossas origens (como a de todas as criaturas) pertencem ao reino espiritual, pois muitas vezes nos identificamos com o labirinto cultural em que vivemos, a realidade exterior do mundo físico e material.

Antes de a vida tomar a forma física, ela existe no reino da criação chamado plano espiritual. Dentro dessa realidade, os anjos guiam a jornada das almas e as ajudam a se tornar um receptáculo puro para a vida. Os anjos asseguram que o amor incondicional de Deus nos traga à vida e nos dão a certeza de que somos amados, acalentados e protegidos pelos anjos de todos os tempos.

O Anjo das Origens Sagradas da Vida nos lembra de que escolhemos nossa vida – nossa família, nossas circunstâncias culturais e nossas condições físicas – e que essas escolhas fazem parte do nosso destino. Nós todos encarnamos para ajudar a humanidade, de uma forma ou de outra, na sua luta pelo desenvolvimento. Cada um de nós desempenha um papel na evolução contínua da raça humana rumo ao bem maior. Durante essa evolução, devemos amar uns aos outros e cuidar do nosso planeta. Os desafios espirituais que enfrentamos na vida acabam por fortalecer a nossa alma, ampliando sua capacidade de amar, de se expressar e de atingir sua plenitude.

Os anjos apoiam e incentivam essa plenitude. Eles nos estimulam a crescer e nos desenvolver, até nos tornarmos seres valorosos, que sintam e expressem amor e sejam capazes de abrir espaço para que o bem possa se manifestar. Cada um de nós nasce nas circunstâncias certas para se desenvolver como anjos da Terra, filhos de Deus capazes de beneficiar a humanidade.

Cada um de nós escolhe os pais que moldarão e influenciarão nosso caráter e que nos proporcionarão o ambiente propício para o aperfeiçoamento da nossa alma. Podemos também solicitar irmãos que nos

ajudem a compreender as outras pessoas e a maneira como vivem e pensam.

Atraímos professores que nos abrirão as portas do conhecimento e nos ajudarão a desenvolver nossos dons inatos. E teremos amigos e companheiros que nos abrirão para o espírito do amor.

Todos os nossos passos rumo ao crescimento e à maturidade são planejados para fomentar nossa força interior para o bem. Sejam quais forem nossos talentos e dons, eles têm uma contraparte espiritual que ajudará a humanidade a progredir. Cada ser humano abençoa o mundo com sua presença e é abençoado pelo mundo espiritual, por ser um colaborador importante para ensinar à humanidade as lições que desenvolverão sua consciência espiritual.

Os anjos acreditam em nós. Eles também se comunicam conosco. Têm esperança de que aprendamos a amar e a aceitar a nós mesmos integralmente, de modo que possamos ser grandes canais para o amor. Os anjos ajudam a nutrir os dons que trazemos a este mundo; eles nos ajudam a expandir a nossa consciência. No nível pessoal, curam nossas feridas e, no nível coletivo, curam o planeta.

Prece aos anjos

Querido Anjo das Origens Sagradas da Vida, abra as janelas da consciência em minha mente, de modo que eu possa ver o divino dentro de mim mesma e do meu bebê. Que essa compreensão me ajude a chegar mais perto da experiência do amor de Deus e me inspire a recorrer aos Seus anjos, quando precisar de sua ajuda na vida. Ajude-me, por favor, a compartilhar meu amor de um modo que beneficie a todos à minha volta.

Meditação

Quando eu me sento em silêncio e em paz, visualizando meu bebê dentro de mim, reflito sobre as origens sagradas da minha própria vida. Aceito a vontade de Deus de que o Divino seja revelado através de cada indivíduo. Meu anjo aguarda meu despertar para a verdade de que a vida é sagrada e o meu filho é sagrado. Eu reafirmo meu valor de todas as maneiras e honro minha vida. Eu reconheço os desafios que fomentam meu crescimento e me ajudam a valorizar a felicidade e a alegria que afluem para a minha vida neste momento.

O ANJO DA Aceitação

"Eu me aceito e me amo exatamente como sou. Ao amar a mim mesma, aceito meu filho exatamente como ele é. A aceitação é a afirmação da verdade incontestável de que a vida é uma grande dádiva."

ORIENTAÇÃO DOS ANJOS

Eu olho dentro de mim para me preparar para ser mãe e descobrir o melhor caminho para o meu bebê. Por favor, orientem-me para que eu possa vivenciar minha própria integridade, de modo que não imponha minha vontade sobre o meu filho. Sei que, quando aceito a mim mesma como uma criatura divina de Deus, eu aceito plenamente meu bebê. Por favor, ajudem-me a fazer isso com graça e consciência.

O fato de estarem espiritualmente preparados para a chegada do bebê ajuda os pais a aceitá-lo na sua vida e a lhe dar as boas-vindas de todo o coração. A experiência da paternidade e da maternidade pode não ser nova, mas ela é sempre única. Cada criança tem a sua essência especial, que os pais precisam aprender a entender e aceitar. A aceitação do bebê exatamente como ele é ajuda a nutrir e curar sua alma e lhe dá carta branca para cumprir seu destino. A consciência de que a criança tem sua própria vida também é um sentimento libertador para os pais, que podem se alegrar com a tarefa de orientadores e desenvolver o dom da paternidade ou da maternidade sem achar que precisam criar um ser humano perfeito.

Os bebês escolhem as famílias que têm mais condições de desenvolver seus dons individuais. Até uma situação familiar difícil pode propiciar o aperfeiçoamento do caráter de uma criança e ajudá-la a crescer e desenvolver seus pontos fortes, que serão úteis na sua vida futura. O Anjo da Aceitação ajuda cada pessoa a encontrar sua maneira de se curar e oferece seu auxílio nos momentos mais desafiadores.

Os pais podem incentivar conscientemente o desenvolvimento do bebê por meio do amor e da aceitação incondicionais. Quanto mais se amam e se aceitam, mais fácil é para eles aceitar plenamente o filho. Quando a pessoa aceita que é amada, ela faz escolhas melhores na sua vida e na vida da sua família. Quando aceitam a si mesmos, os pais dão ao filho espaço para aceitar quem ele é e descobrir o propósito da sua vida.

Os bebês sempre nos ensinam sobre o amor. Essa é a missão deles quando vêm ao mundo. Pais sábios aceitam isso e amam e aceitam seus filhos como dádivas.

Quando você se prepara para proporcionar ao seu bebê os alicerces de um ambiente amoroso e um espaço limpo e belo em que seu espírito possa florescer, você lhe dá condições de se desenvolver e se tornar uma fonte de luz e bondade.

Quando os bebês são verdadeiramente aceitos, eles se sentem seguros e amados. A aceitação os ajuda a se libertar dos medos inconscientes que possam ter trazido para esta vida. A dúvida e os medos só fazem com que a criança reprima seu espírito na tentativa de sobreviver.

Quando os bebês têm liberdade para expressar sua natureza única, seus caminhos na vida se abrem com facilidade diante dele. Pais muito ambiciosos, que têm expectativas muito elevadas para os filhos, às vezes os forçam a sacrificar seus talentos inatos, dados por Deus, e a se moldar à vontade deles. Quando as crianças se sacrificam por amor aos pais, grandes dádivas que elas poderiam oferecer ao mundo acabam ocultadas pelo pensamento convencional ou pelo desejo dos pais de que os filhos sigam seus próprios passos.

Prece aos anjos

Querido Anjo da Aceitação, ajude-me a amar e aceitar o meu bebê exatamente como ele é. Peço que eu demonstre amor e aceitação mesmo quando não conseguir entender. Sei que meu filho tem o seu próprio destino a cumprir em sua geração, em sua cultura e em sua vida. Ajude-me a aceitar o meu bebê como a expressão perfeita do amor de Deus e a cultivar a verdadeira aceitação do meu próprio ser, para que eu possa amar, nutrir e apreciar a nós dois.

Meditação

Abro o meu corpo como um receptáculo para a forma física do espírito amoroso que cresce e se desenvolve dentro de mim. Abro o meu coração para o espírito amoroso que me ajudará a ser uma boa mãe, respeitando suas necessidades e atendendo-as. Abro a minha mente para saber que é só através da aceitação que eu apoiarei de fato esse belo ser e o incentivarei a manifestar o seu melhor. Eu me permito receber o meu bem maior e a me preparar espiritualmente para o papel de mãe. Eu aceito o meu ser; aceito as mudanças que estão acontecendo em mim; aceito a vida!

BEBÊS DE TOURO

Os taurinos são bebês e crianças encantadoras. Eles adoram demonstrações de afeto, são fofos e amorosos e adoram sentir o toque dos pais. Podem ser doces e até charmosos. De temperamento geralmente alegre, são previsíveis e descontraídos na frente de estranhos, contanto que os pais os deixem brincar à vontade e não os tornem o centro das atenções.

Os taurinos respondem bem ao bom senso, à simplicidade e à verdade. Tranquilos mesmo quando ainda estão na idade de engatinhar, mostram sinais de estabilidade emocional, não se deixam perturbar com facilidade e não estão sujeitos a frequentes mudanças de humor. São capazes de manter relacionamentos duradouros e são leais à família e aos amigos. Não gostam de se exibir e podem ser tímidos, retraídos e teimosos. Gostam de ficar sozinhos e não suportam ser pressionados ou forçados a fazer o que não querem. Consequentemente, pode ser difícil vesti-los, alimentá-los e banhá-los. Sempre fale com amabilidade e lógica com o seu bebê de Touro. Se você for ríspido demais, ele se retrairá e resistirá a você. Os taurinos nunca são rudes ou desagradáveis, mas não experimente caçoar deles! E saiba que um grande abraço e um beijo podem dissipar qualquer crise de mau humor que eles tenham.

As crianças de Touro adoram pintar e desenhar e são capazes de expressar sua natureza por meio da arte. Elas são estudantes dedicados e aprendem com facilidade se souberem ser metódicos em seus estudos. Têm capacidade para se concentrar, são obedientes e, como absorvem as informações lentamente, têm ótima memória e uma grande capacidade para trabalhar e assumir responsabilidades.

Os taurinos agem com ponderação e falam pouco. São sólidos e estáveis, até previsíveis, e não perdem com facilidade sua tranquilidade inata. Simples e descomplicados, não são dados a sutilezas ou preocupações; deixam que a vida lhes traga as coisas em vez de correr atrás das pessoas e dos objetos do seu desejo. Podem demorar para tomar decisões, mas são rápidos ao calcular resultados. Os taurinos gostam de ficar em casa e adoram segurança.

> **ORIENTAÇÃO DOS ANJOS**
> Por favor, ajudem-me a ensinar o meu bebê de Touro a se adaptar aos ritmos e ciclos da vida. Eu sei que sua natureza é forte e apegada à terra, e que ele se desenvolve melhor quando está em sincronia com o dia e a noite e com as estações. Ajudem-me a abrir o seu coração para se sentir seguro e amado.

21 de Abril a 20 de Maio

Também apreciam pequenos confortos e podem ser possessivos com seus pertences. Gostam de comer e beber bem e apreciam obras de arte, boa música e o que a vida tem de melhor.

São resistentes quando estão sob stress emocional e não se deixam perturbar ou aborrecer por crises. Dizem dos taurinos que, quanto maior o problema, maior a força que demonstram para superá-lo. Vigorosos e saudáveis, com uma forte constituição, é preciso muito para deixá-los doentes, mas quando estão acamados demoram para se recuperar. Podem ser teimosos e não gostam de seguir ordens médicas.

Os taurinos podem ser conservadores com suas finanças. Gostam de construir seu patrimônio e podem criar um império devagar e deliberadamente. Adoram acumular poder e dinheiro, e têm um grande potencial para possuir muitos bens materiais.

Querido Anjo dos Bebês de Touro, por favor me ajude a incentivar meu filho a aceitar situações, alimentos e pessoas novas. Sei que ele tem uma natureza obstinada e teimosa. Rezo para que o meu bebê confie na vida e naqueles que o levam no coração. Ajude-me a inspirá-lo a correr riscos e a gostar de aventuras.

O ANJO DOS Futuros Pais

"Eu tenho tudo de que preciso

dentro de mim para

ser uma mãe amorosa

ou um pai amoroso

para o meu bebê."

ORIENTAÇÃO DOS ANJOS

Busco apoio para a minha família e para mim mesma, ao dar as boas-vindas a esta nova vida. Ajudem-nos a ver o mérito dos nossos esforços e a ter consciência da tarefa difícil que temos pela frente. Ajudem-nos a amar e proteger o nosso bebê, de modo que ele se sinta seguro neste mundo. Auxiliem nossa família e amigos a entender a tarefa que temos pela frente e apoiar os nossos esforços da melhor maneira possível. Abençoem-nos como pais inexperientes e incentivem-nos a perseverar diante dos altos e baixos da maternidade e da paternidade e dos desafios que a vida inevitavelmente nos apresentará.

Os bebês são dádivas de Deus e trazem amor, beleza e paz para o mundo. Eles são a esperança de uma vida melhor e têm potencial para fazer o bem e curar o mundo; são o futuro da humanidade. Os bebês carregam a doçura e a perfeição do mundo espiritual. Os anjos estão próximos dos bebês, na suavidade da sua pele e no aroma doce do seu hálito. Os bebês nos cativam com o seu sorriso, seus balbucios e trejeitos infantis, e especialmente com o seu choro. Nós o ouvimos, atendemos aos seus desejos e racionalizamos sobre as alegrias e encantamento que eles nos trazem.

Ter um filho representa um marco na nossa vida adulta e é algo que vem acompanhado de grande responsabilidade. Os bebês precisam de atenção e amor, para crescerem saudáveis, e vigilância constante, para viverem com segurança e proteção. Seu sistema nervoso imaturo e delicado requer ternura e carinho, depois da sua longa jornada do reino angélico para o mundo da forma e da matéria. E para o seu filho se tornar o adulto que você gostaria que ele fosse, capaz e responsável, apto a fazer escolhas e tomar decisões sábias, você precisa ser um bom exemplo. Essa pode ser uma tarefa desafiadora, principalmente para pais de primeira viagem!

É aí que entra o Anjo dos Futuros Pais, que pode ser um guia maravilhoso para eles. Pode ajudá-los a entrar em sintonia com o seu filho e promover uma relação saudável entre eles, de modo que vivam em harmonia. Ele pode ajudá-los a ser bons pais e a descobrir o que o filho precisa para crescer forte e feliz.

Para algumas pessoas, desempenhar o papel de provedor e cuidador não exige muito esforço. Para outras, que consideram um grande desafio criar e educar uma criança, pode ser importante saber que existem anjos amorosos, prontos para ajudá-las no que for preciso. Os anjos podem ajudar a tornar muito mais fácil o papel dos pais, envolvendo suas tarefas numa atmosfera de alegria e tranquilidade.

Prece aos anjos
......

Querido Anjo dos Futuros Pais, rogo para que ajudem a mim e a minha família a cuidar e amar esta criança que chegará. Que a nossa alegria se sobreponha às exigências que acompanham a paternidade e a maternidade. Ajudem-nos a viver harmoniosamente em família e a perceber nossas necessidades e as necessidades do nosso filho.

 ### *Meditação*

*Eu me sento em silêncio e ouço as vozes dos anjos sussurrando nos meus ouvidos a verdade sobre o que este bebê representará na minha vida. Eu busco as verdades sobre a beleza, a paz e a integridade possíveis para nós, enquanto descanso na paz do amor dos anjos. Os anjos nos estimulam a ser os melhores pais possível.
Eles nos brindam, a mim, ao nosso filho e à nossa família, com o seu amor, sabedoria e alegria, enquanto cumprimos nossa missão como pais. Eu sei que os anjos me abençoam e me oferecerão toda a ajuda de que precisarei para criar meu filho.*

ESPERA RADIANTE

Quando aceita o seu papel de mãe e as mudanças que a gravidez provoca em seu corpo, você se torna uma mulher bela e radiante. O seu corpo fica mais suave e arredondado, e reluz com essa nova vida. Você se torna a própria encarnação do símbolo divino da vida: mãe.

Se abraça a maternidade de boa vontade, você se abre para as verdades mais profundas da vida e do amor. Essas verdades enriquecem a sua beleza natural e lhe dão mais sabedoria. As suas prioridades na vida mudam, deixando de gravitar em torno do mundo exterior, material, e passam a focar a consciência interior, profunda, de que você está próxima à fonte divina da vida.

Se estiver disposta a comungar com os anjos, eles sussurrarão no seu ouvido, serão seus guias e orientarão você ao longo dos nove meses de gestação. Você terá a oportunidade de conhecer muitas verdades espirituais durante esse período, antes do nascimento do seu bebê. Se você invocar seus anjos, eles aliviarão seus medos e acalentarão o seu espírito. Ajudarão você a sentir seu filho dentro do seu ventre. Você poderá começar a conhecer sua natureza, mesmo antes de ele nascer. Poderá se comunicar com ele e assegurá-lo de que é desejado e bem-vindo. Os anjos apoiam essa conexão cada vez maior entre você e o seu bebê, durante a gravidez.

A gravidez é um momento de novos começos, em que o amor flui, abundante. Não importa como foi, é ou será a nossa vida; sempre temos a lembrança do amor dentro de nós. Se as preocupações inerentes à maternidade a fizerem se esquecer da verdade sobre a sua própria origem divina, você pode pedir que o Anjo da Espera Radiante a conecte à fonte do amor. Esse anjo ajuda você a se lembrar de quem é, a saber que um dia também foi amada e acalentada e que também pode fazer o mesmo pelo seu bebê.

Quando está grávida, você carrega as forças da vida dentro de você. Você tem uma importância crucial para essa vida que cresce dentro do seu útero e é, portanto, sagrada e abençoada pelo Anjo do Crescimento e da Cura. Você também pode invocar o Anjo do Parto Abençoado para ajudá-la a se sentir segura durante esse momento. Se invocar essa ajuda antes do nascimento, você se sentirá confiante, destemida e resistente durante o trabalho de parto. O Anjo do Resguardo ajuda a acelerar o seu restabelecimento depois do nascimento do bebê e a ter leite suficiente para amamentá-lo. O reino angélico aguarda o seu pedido de ajuda.

PARTE 2

Na pintura de Rafael, Madona de Seggiola, Nossa Senhora e o Menino Jesus parecem ligeiramente hesitantes com relação a este mundo. A expressão de ambos mostra uma certa timidez e reticência. O mundo, porém, espera a vinda desta criança para que ela possa trazer sua redenção. Todas as crianças vêm ao mundo na esperança de que tragam redenção para o sofrimento e tornem este mundo um lugar melhor. Cada geração tem essa missão e nos deixa mais próximos da consciência do nosso propósito espiritual e das maneiras pelas quais podemos curar o planeta.

O ANJO DA
Espera Radiante

"Estou radiante e bela porque aceito as bênçãos da minha maternidade iminente."

ORIENTAÇÃO DOS ANJOS

À medida que o meu corpo muda, ajudem a acalmar o meu espírito e a perceber sua necessidade de paz, tranquilidade e pensamentos positivos. Eu busco orientação durante a minha gravidez para que eu saiba o que é melhor para mim e para o meu bebê. Eu peço o descanso que o meu espírito anseia e o estímulo do exercício apropriado, se ele for necessário para o meu bem-estar.

Quando a mulher está grávida, o milagre da vida que se instala dentro do universo do seu corpo faz com que ela irradie luz e alegria. Quando vivencia as origens da vida, todas as células do seu corpo são estimuladas e expandem com uma vibração que não se manifesta na vida comum. Ela é uma mulher abençoada.

À medida que o bebê cresce e o seu corpo se expande para acomodá-lo, um saber interior profundo vem à tona e se expressa em sabedoria prática, conhecimento oculto secreto e a compreensão de verdades universais. Você se torna radiante em conhecimento e na expressão da vida que se move dentro de você e através de você.

O fluxo da vida cativa as pessoas porque toca o cerne mais profundo do seu ser, lembrando-as de que a vida é sagrada. Se a verdade da origem sagrada da sua vida for esquecida, no entanto, você sempre poderá se conectar com a fonte do amor por meio do Anjo da Espera Radiante. Esse anjo a ajuda a se lembrar de quem você é e de que também foi um dia amada e acalentada. Não importa como a nossa vida tenha transcorrido até aqui, sempre existe dentro de nós uma lembrança profunda do que seja o amor.

Prece aos anjos
. . . .

Querido Anjo da Espera Radiante, peço que me ajude a entender as mudanças que estão ocorrendo no meu corpo, na minha mente e no meu espírito. Ajude-me a honrar as minhas necessidades de me nutrir, para que eu possa proporcionar a nutrição apropriada ao meu bebê e atender a todas as necessidades dele, para que cresça dentro de mim e se torne uma criança forte e saudável.
Eu agradeço pelo milagre da vida.

 ### *Meditação*

Vivencie o silêncio dentro de si. Pergunte a si mesma: "O que eu preciso para promover minha felicidade e bem-estar agora?" A resposta pode ser descanso, movimento ou talvez menos preocupações com coisas pequenas. Seja qual for a resposta, reconheça a sua conexão com os anjos como algo real que está acontecendo agora. Quanto mais você buscar orientação, mais fácil e mais tranquila será a sua gravidez, para você e o seu bebê. Os anjos estão zelando por você e por ele.

O ANJO DO Crescimento e da Cura

"À medida que o meu bebê cresce dentro de mim, eu deixo para trás e libero qualquer dor do meu passado."

ORIENTAÇÃO DOS ANJOS

Eu busco a cura das minhas feridas do passado e reafirmo a alegria da vida que cresce dentro de mim. Ajudem-me a ouvir o meu bebê e a aceitar a parte profunda e serena da minha própria natureza que habita nesse silêncio. Espero ouvir o que os anjos sussurram no meu ouvido. Pode ser o nome do meu bebê, por exemplo, ou a cor com que devo pintar o seu quarto ou os brinquedos de que ele mais gosta. Eu considero essas orientações um tesouro, e sou muito grata aos anjos por compartilhar comigo o seu saber. Quando eu me sintonizo com o meu mundo interior, meu foco fica mais claro, alegre e feliz. Esse é um período de beleza ímpar, pelo qual serei sempre grata.

À medida que a sua gravidez evolui e o bebê cresce, você talvez comece a buscar sua sabedoria interior, e isso é muito bom para o seu próprio espírito, é bom para o bebê e também benéfico para toda a vida. Esse é um período profícuo para a evolução do seu espírito. Também é um momento para você usufruir dos prazeres da vida. Você tem a oportunidade de entrar em sintonia com os ciclos do mundo natural e a perceber que você e o seu bebê estarão unidos por toda a vida.

Durante a gravidez, o espírito do seu bebê está estreitamente ligado ao reino angélico, embora o seu corpo físico esteja se enraizando no mundo da substância e da matéria. O encontro do céu e da terra acontece dentro dele. Quando você caminha, pratica natação, faz yoga, canta, ri ou chora (se necessário), tocada e comovida pelo milagre absoluto da vida, isso faz bem ao seu bebê, pois o ajuda a desejar esta vida física e encarnar nesse corpo. A sua felicidade promove o crescimento e o desenvolvimento dele, em todos os sentidos.

Fique consciente das mudanças pelas quais o seu corpo passa. Purifique a sua mente, respeitando as necessidades que o seu espírito tem de descanso, alegria e contentamento. O seu espírito fica mais leve enquanto essa vida se desenvolve dentro de você pela simples razão de que carregar negatividade nesse período tão precioso é algo que pesa sobre o seu espírito. Você quer sentir seu espírito leve e conectado com as forças cósmicas que regem as leis da vida e que fluem através do seu ser durante a gravidez. Isso deixa você mais vulnerável e emotiva.

Esta é uma época para respeitar os seus processos internos, que a deixam mais suave e sensível, aliviam as dores do passado e a levam a comungar, no espírito do amor, com as forças maiores da vida.

Prece aos anjos

Querido Anjo do Crescimento e da Cura, ampare o meu bebê em seu crescimento e desenvolvimento. Permita que a vida cresça dentro de mim e por meu intermédio, e me ajude a preparar a minha mente e o meu corpo para o trabalho de parto. Ensine-me as verdades eternas do amor e da vida, de modo que eu possa sustentar meu bebê na luz mais profunda da bem-aventurança universal. Peço que esta gravidez seja fácil, estável e feliz.

 ## Meditação

Sempre que puder, sente-se em silêncio e volte-se para o seu mundo interior. Enquanto relaxa, concentre-se na sua respiração e sinta a vida se movendo através de você. Sinta o seu bebê e o ouça falando com você. Esses momentos de silenciosa introspecção fazem bem a vocês e os ajudam a se conhecerem melhor. Você pode conhecer os ritmos e ciclos diários dele e saber quando ele dorme e quando está mais ativo. Continue cultivando essa relação de amor e entendimento. Celebre o seu milagre da vida com alegria e gratidão. Renda-se ao poder da vida manifestando-se através de você.

BEBÊS DE GÊMEOS

Os bebês de Gêmeos são espertos, inquietos, ativos, impacientes, entusiasmados, impetuosos e cheios de energia. Estão sempre em movimento. Eles têm a natureza de Mercúrio e falam e andam rápido e precocemente. À medida que crescem, tendem a adquirir ideias próprias. Têm uma inteligência arguta e falam e escrevem muito bem. São debochados e inteligentes e, mesmo em tenra idade, ótimos mímicos. No entanto, os bebês geminianos podem gritar alto e com bastante frequência.

Os geminianos adoram fazer muitas coisas ao mesmo tempo; sofrem com a monotonia e com as atividades repetitivas. Adoram as mudanças e se adaptam bem a novas experiências. Relutam, porém, a manter a mesma opinião e têm fama de mudar de ideia com frequência.

O seu bebê de Gêmeos precisa de muito descanso para aquietar a sua mente e seu corpo ativos. O descanso revitaliza as células do seu cérebro hiperativo e seus nervos supersensíveis. É melhor diminuir o ritmo do seu bebê mercuriano para o próprio bem dele. Os geminianos podem ter esgotamento nervoso devido à sua natureza constantemente ativa, por isso é importante monitorar as atividades do seu filho para evitar que ele se torne hiperativo, com o excesso de brincadeiras, e não descanse o suficiente. Ele pode ter dificuldade para conciliar o sono, por isso, quanto menos atividade perto da hora de ir dormir, melhor. Fique atenta aos programas de TV a que ele assiste ou ouve antes de ir para a cama e com quem ele brinca à noite. É melhor começar a prepará-lo para ir dormir quando o sol se põe, assim você garante uma boa noite de sono e descanso suficiente.

Os geminianos podem ser crianças exigentes. Eles podem estar em vários lugares ao mesmo tempo e não se dar bem em locais fechados e pequenos; precisam de espaço para se movimentar. Podem ficar inquietos e indóceis se não tiverem estímulos sufi-

> ### ORIENTAÇÃO DOS ANJOS
> Por favor, deem-me capacidade para acompanhar o ritmo do meu filho e não me exaurir com o seu temperamento ativo e sua rapidez de raciocínio. Espero incentivá-lo a ser criativo, expressivo e inquiridor. Que eu tenha sabedoria para saber distinguir os momentos em que ele precisa de ajuda daqueles em que eu preciso deixá-lo descobrir a verdade por si mesmo. Ajudem-me a ser coerente, perspicaz e sensata, sobretudo quando for preciso estabelecer e manter limites saudáveis.

21 de Maio a 20 de Junho

cientes, por isso talvez você precise providenciar uma grande variedade de livros e brinquedos.

As crianças de Gêmeos são estudantes aplicados e adoram se comunicar. Muitas vezes são ótimas em línguas e capazes de aprender várias delas rapidamente. Elas também têm muita imaginação e adoram jogos de fantasia e brincadeiras em que vestem fantasias. Amigáveis, inquiridores e precoces, os geminianos também têm tendência a exagerar e podem ter o hábito de falar meias verdades. Fique atento à maneira como o seu filho lhe conta suas experiências da realidade e ajude-o a distinguir realidade de ficção, sem ferir sua imaginação fértil.

A falta de persistência pode ser o ponto fraco do seu filho geminiano, por isso ajude-o a concluir os projetos criativos que inicia.

Querido Anjo dos Bebês de Gêmeos, rogo que eu tenha flexibilidade e capacidade para acompanhar meu filho no nível mental, físico e espiritual. Eu sei que essa criança ativa quer e precisa de estímulos apropriados e uma forte fibra moral para sempre ser verdadeiro consigo mesmo e com o mundo à sua volta. Ajude-nos, todos, a encontrar um equilíbrio harmonioso que inclua amor, afeição, racionalidade e propósito.

O ANJO DO Parto Abençoado

"Eu afirmo que o meu parto será fácil, feliz e rápido. Agradeço por essa experiência tão bela."

ORIENTAÇÃO DOS ANJOS

Peço ajuda para que eu possa abrir minha mente para atitudes positivas com relação ao processo de nascimento. Permitam-me estar em sintonia com o meu corpo, de modo que possa dar à luz de um modo consciente e positivo. Ajudem-me a ouvir o que o meu bebê precisa, para que ele venha a este mundo com facilidade e alegria. Que ele se sinta seguro e amparado em sua chegada, livre de toda ansiedade do trabalho de parto. Ajudem-me a respeitar suas necessidades, prezando pelo nosso bem-estar. Orientem-me para que eu saiba me preparar para o parto com pensamentos positivos e preces amorosas.

Todas as mães rezam para que tenham um parto rápido e seguro. As preces facilitam o processo de nascimento, assegurando que tudo ocorra da melhor maneira possível. Você pode pedir que tenha a resistência e força necessárias para superar as dores do parto, a atitude propícia de entrega e o coração aberto para receber seu bebê e aceitar os desafios que a maternidade lhe reserva.

Embora a medicina moderna poupe as mães e os bebês de muitos perigos relacionados ao nascimento, ela acabou por nos levar a esquecer o aspecto espiritual desse momento e que faz dessa ocasião uma celebração da vida. Mas a prece e a invocação dos anjos são instrumentos poderosos para ajudar tanto a mãe quanto o bebê.

Você pode recorrer aos seus anjos e pedir que tenha um parto belo e seguro. Pode se libertar conscientemente dos seus medos, listando-os mentalmente e se mantendo confiante de que você ficará bem, o seu bebê nascerá saudável e tudo acabará da melhor maneira possível. Você pode fazer tudo o que está ao seu alcance para se preparar para uma ótima experiência de parto e rezar para que o parto seja seguro e as pessoas que trarão seu bebê ao mundo sejam iluminadas e competentes.

Nos últimos meses da gravidez, mantenha a tranquilidade e uma atitude diária amorosa com relação ao seu bebê. Diga a ele que você não vê a hora de segurá-lo nos braços e poder lhe dar o seu amor. Estimule-o a nascer com facilidade e sem dramas. Se ele souber que você está confiante e pronta para lhe dar as boas-vindas, o parto será mais fácil e rápido.

Saiba que cada criança vem ao mundo na hora certa e no seu próprio ritmo. Deixe que o seu bebê saiba que é bem-vindo em todos os sentidos e que seu ritmo será respeitado. Quando você comunica isso ao seu bebê e ele se sente seguro para vir ao mundo, o trabalho de parto pode ter início e o parto pode ser rápido e eficiente. A comunicação com o seu bebê e com os anjos ajuda a facilitar o processo de nascimento de uma maneira alegre e gloriosa.

Prece aos anjos

Querido Anjo do Parto Abençoado, peço que meu parto seja rápido e seguro. Que seja alegre e feliz. Peço que as pessoas que me assistam sejam bondosas e gentis e que minha família nos cerque de amor e carinho. Peço que meu filho venha ao mundo de maneira segura. Eu dou as boas-vindas ao meu bebê e peço a sua proteção.

 ### *Meditação*

Imagine-se segurando seu bebê no colo e sentindo o fluxo de amor envolvendo vocês dois. Seja criativa ao imaginar um ambiente favorável e positivo e um parto rápido e sem complicações. Veja-se segurando nos braços seu bebê, que está sorrindo, saudável e radiante. Quanto mais alegre e harmoniosa a experiência do nascimento que você mentaliza, mais provável será que ela se manifeste na realidade. Você pode imaginar um parto bonito, alegre e cheio de amor. Lembre-se de agradecer pelo milagre do nascimento. Os anjos cantarão e o Criador sorrirá exultante quando o seu bebê vier ao mundo.

O ANJO DO Resguardo

"Eu amo o meu corpo e sou grata a ele por ter dado à luz o meu filho. Eu o trato com carinho e permito que ele se restabeleça e recupere suas formas, seu tônus e sua energia."

ORIENTAÇÃO DOS ANJOS

Ajudem-me a pedir pela ajuda de que preciso – dos amigos ou de um membro da família ou dos anjos. Ajudem-me a abrir mão da vontade de controlar tudo e da necessidade de ser perfeita. Mostrem-me como me sentir melhor deixando que outras pessoas façam o que precisa ser feito e descansando pelo tempo necessário para recuperar a energia para fazê-las por mim mesma. Ajudem-me a preservar meu bem-estar e não querer bancar a mártir, fazendo tudo sozinha. Eu sei que, por tradição, as mulheres apoiam umas às outras nos primeiros dias do bebê. Minha mãe, minha sogra, minhas irmãs e minhas amigas podem se tornar anjos na minha vida. Eu recebo de braços abertos a ajuda delas. Ajudem-me a ter humildade para pedir o que preciso.

Depois da chegada do bebê, você enfrenta muitos desafios. Para que o seu corpo se restabeleça, recupere o tônus muscular e produza leite para a amamentação, você precisa descansar e se alimentar bem. Você também precisa recuperar suas capacidades psicológicas e emocionais, para que possa dar conta da sua nova rotina, que inclui amar, proteger e cuidar do seu bebê. Nesses primeiros tempos, porém, mudanças hormonais podem fazê-la se sentir vulnerável e trazer à tona emoções conflitantes.

Não há melhor ocasião para pedir a ajuda dos anjos. Eles ajudam as novas mães a realizar suas tarefas com amor e tranquilidade e lhe dão grande assistência nos cuidados com o bebê. Invoque-os sempre que sentir necessidade. Eles estão sempre dispostos a aliviar o seu fardo e promover felicidade e cura para você e o seu bebê.

Este é o momento de você se redefinir como mulher em muitos níveis. Você precisa se ajustar aos ciclos de sono e vigília do seu bebê. Quando ele dormir, você deve dormir também. Quando ele acordar, você deve dar a ele toda atenção para atender às suas necessidades. Seu bebê lhe será grato pelos cuidados e atenção que você lhe dispensar quando estiver acordado e pela paz que o envolverá quando estiver dormindo. Você precisa tirar vantagem dos momentos em que ele dorme, para tirar um cochilo, tomar um banho relaxante, dar atenção a outros membros da família ou simplesmente relaxar. Seja paciente com o processo de recuperação do seu corpo. Pode levar até um ano para que ele volte ao normal e recupere os seus níveis de energia.

Prece aos anjos

Querido Anjo do Resguardo, aceite minha gratidão pela chegada dessa criança na minha vida. Por favor, ajude-me nas pequenas tarefas que preciso fazer para ajudar meu bebê a se adaptar a este mundo novo para ele. Peço que nos proteja. Mostre-me como cuidar de mim mesma, curar meu corpo e ser uma ótima mãe para o meu filho. Sou grata por toda ajuda que puder me dar.

 ### Meditação

Reflita sobre o que você precisa para se sentir bem neste momento e apreciar esses primeiros dias da vida do seu bebê. Torne tudo mais simples para você mesma, fazendo uma lista do que a ajudaria neste momento. Talvez fosse bom se tivesse alguém para lavar a sua roupa nesses primeiros dias ou para ir ao supermercado ou até cozinhar para você. Será que você se permite pedir a ajuda dos outros e deixar que eles atendam às suas necessidades? Deixe que a alegria e a facilidade passem a fazer parte da sua vida em todos os atos que visem o seu bem-estar e as necessidades do seu bebê. Saiba em seu coração que você merece essa ajuda e que ela é abençoada.

VÍNCULO AFETIVO COM O BEBÊ

O vínculo afetivo entre mãe e filho é a conexão profunda que passa a existir entre eles nos primeiros dias de vida. Graças a esse vínculo, o bebê desperta para o calor humano, o amor e a ternura que a vida pode lhe oferecer e a mãe passa a estabelecer laços de afeto indestrutíveis com o seu filho, que a manterá ligada a ele por toda a vida.

Você terá outros relacionamentos de amor na sua vida, mas nenhum com a força dos laços que unem mãe e filho, carne e espírito, céu e terra. Dentro dele estão as sementes de todos os seus futuros relacionamentos. Ele mostra como você se conecta com o mundo, o seu lugar nele e como cumprirá o seu destino. Se você não se sentiu amada ou bem-vinda quando chegou a este mundo, suas ligações posteriores com as pessoas podem ser um desafio. Mas, se se sentiu amada, desejada e querida pela sua mãe, será capaz de lidar com todos os desafios que a vida lhe propuser, graças à verdade profunda que essa primeira experiência de amor lhe proporcionou.

Não tenha pressa para desenvolver o relacionamento com o seu bebê. O vínculo afetivo não é algo que você imponha a ele, mas que desenvolve com constância, paciência e amor verdadeiro. Tudo o que o seu bebê trouxer com ele do reino espiritual e de suas vidas passadas será expresso na maneira como ele busca seu seio, delicia-se com o seu toque e responde à sua voz.

Os anjos oferecem o seu amor e orientação enquanto você aprofunda seu vínculo afetivo com o seu bebê. Eles sabem que o mais puro arquétipo do amor começa com o laço entre mãe e filho. Eles podem ajudá-los a estabelecer laços de amor inquebrantáveis que nem a morte possa desfazer. Você pode pedir aos anjos que a ajudem a criar esses laços, pois eles têm poder para ajudá-la a criar um vínculo profundo com o seu bebê, de modo que ele se sinta seguro e confiante.

O Anjo do Vínculo Afetivo a ajuda a saber que é capaz de estabelecer esse vínculo; o Anjo da Ternura a leva e vivenciar e expressar o amor que sente pelo seu bebê; o Anjo da Simplicidade revela como pode ser simples estabelecer esses laços de afeto; o Anjo da Tranquilidade incentiva você a viver em paz e a aceitar suas dádivas, e o Anjo da Facilidade a ajuda a encontrar o caminho que a leva à felicidade.

Você pode ajudar a aprofundar seu vínculo com o bebê ficando atenta à sua alimentação, para que seu leite tenha sempre um gosto doce. Você pode usar remédios naturais para aliviar o trauma do parto e para ajudar o seu corpo

PARTE 3

a se restabelecer mais rapidamente. A massagem também pode relaxar a musculatura rígida do seu bebê, depois de meses confinado no útero. Em algumas culturas, as mães e os bebês recebem uma longa massagem. Procure se informar a respeito de técnicas que ajudem o seu bebê a se adaptar à sua nova vida e que estreitem os laços entre vocês. Mesmo que esse vínculo demore algumas semanas para se estabilizar, não se sinta culpada caso o bebê ainda não esteja pronto para viver aqui neste mundo. Vocês dois acabarão criando um elo de amor, confiança e beleza, pois essas são as qualidades que os bebês trazem do mundo espiritual. É o presente deles para todos nós.

Madona de Granduca, de Rafael, mostra um vínculo tão profundo de amor e ternura entre mãe e filho que parece envolver a ambos. A mãe sustenta gentilmente o bebê e ele se apoia suavemente nela. Eles estão ligados numa atmosfera de calma e tranquilidade. Sentem-se à vontade um com o outro – não há conflito nem rejeição. O bebê está contemplativo e a mãe, reflexiva, até um pouco melancólica. Os corações dos dois estão profundamente ligados, tanto que o bebê descansa a mão sobre o coração dela. Eles formam uma unidade. O bebê sente-se seguro e protegido no colo da mãe e seus olhos estão bem abertos, despertos e atentos ao mundo à sua volta.

O anjo do Vínculo Afetivo

"Eu e meu filho estamos ligados por laços de puro amor e alegria."

O vínculo afetivo entre a mãe e o bebê geralmente se desenvolve nos primeiros dias de vida. Ele requer paciência, amor e um senso profundo de propósito para fazer com que o bebê sinta que ele pertence a uma família e é muito bem-vindo. Do ponto de vista energético, você e o bebê são um único ser. O seu bebê é tão completamente dependente do seu amor, dos seus cuidados e do seu leite que isso a obriga a estar sempre disponível e pronta para atendê-lo. Quanto mais você amar o seu bebê, mas forte será o vínculo afetivo entre vocês. O melhor que pode acontecer é você se apaixonar por ele e se dedicar totalmente à sua saúde e bem-estar. Toda a sua atenção precisa estar voltada para ele.

Se você se sentir ansiosa ou insegura, o seu bebê começará a se retrair. Ele não se sentirá seguro para mostrar o seu amor por você. Ele precisa se sentir confiante de que tudo está bem. E a única pessoa que pode fazer com que ele se sinta assim é você.

Você precisa saber que está apta a desempenhar as tarefas relacionadas ao seu novo papel de mãe e que saberá zelar pela saúde e o bem-estar dele. Um bebê requer afeto, alimento e segurança. Ele só quer ser alimentado e se sentir próximo à mãe. Você precisa estar segura de que produzirá leite suficiente, será capaz de criá-lo e atender às suas necessidades. Você é o porto seguro do seu bebê nesta vida. Ele só precisa que você esteja presente e que demonstre o seu amor por ele.

O vínculo afetivo entre a mãe e o bebê é terno, simples e natural; só é preciso ter disposição para atender às necessidades dele e para zelar pelo seu bem-estar.

ORIENTAÇÃO DOS ANJOS

Peço ajuda para encarar a maternidade com mais leveza e descontração, para me sentir alegre e à vontade no meu papel de mãe. Abram meu coração, para que eu possa sentir um amor profundo pelo meu bebê. Quero amar até o menor dos seus gestos e me deliciar com cada movimento. Quero sentir que o meu bebê responde ao meu amor e sabe que ele é bem-vindo e muito amado. Deem-me paciência para atender às suas necessidades e para criar laços de afeto profundos e eternos com ele. Ajudem-me a sentir que eu sou tudo de que meu bebê precisa para se sentir seguro neste mundo.

Prece aos anjos

Querido Anjo do Vínculo Afetivo, ajude-me a formar laços de amor com o meu bebê que durem a vida inteira. Peço que tenhamos um relacionamento saudável e amoroso quando ele crescer e assumir o seu lugar no mundo. Ajude-me a curar qualquer ferida que limite minha experiência de amor. Ajude-me a abrir meu coração e estar sempre pronta para recebê-lo. Quero que nosso relacionamento perdure até a vida adulta e supere os desafios que a vida nos apresentar.

 ## Meditação

Saiba que, no seu coração, você é completa, íntegra e competente em todos os sentidos e plenamente capaz de proporcionar amor, alimento e proteção ao seu bebê. Sinta o amor e a confiança que o seu bebê sente por você. Aproveite este período para se conhecerem melhor. Respire fundo e, à medida que respira, sinta o amor entrando e saindo, a vida entrando e saindo de você. Quando abrir o seu coração, você receberá o amor do seu bebê por você, em retribuição. É esse amor que a sustentará e a ajudará a cuidar dele.

O ANJO DA Ternura

"A ternura abre o meu coração e permite que o amor flua entre mim e o meu bebê."

ORIENTAÇÃO DOS ANJOS

Permitam que o amor pela verdade que habita no fundo do meu ser seja expresso para o mundo e especialmente para o meu bebê. Eu sei que existe ternura no cerne do meu ser e ela é a expressão do amor que existe no reino espiritual. Ajudem-me a encontrar o modo certo de expressar o meu amor, a ter um toque suave e uma percepção aguçada para saber do que ele precisa. Quando eu desenvolver ternura e compaixão pelo meu bebê, curarei minhas feridas mais profundas e deixarei que o amor dos anjos e de Deus penetre fundo no meu coração.

A ternura a torna apta a expressar o amor e a alegria que sente com a chegada do seu bebê. Ela permite que você sinta o amor profundo que habita no fundo do seu ser. A ternura para com o seu bebê abre as comportas da ternura que existe dentro de você e que, depois de abertas, nunca mais para de fluir. Daí em diante, a ternura passa a ser uma parte natural do seu ser. O grande Anjo da Ternura leva com ele o amor que você sente pelo seu bebê e então o espalha pelo mundo inteiro.

A ternura é uma das maiores bênçãos da maternidade. Ela é um modo natural de levá-la a transmitir o amor de Deus e dos anjos por meio do seu toque suave, do seu olhar enternecido e da doçura da sua voz. Ela ensina que você é um ser belo, radiante e espiritual e que o seu filho terá adoração por cada toque, olhar, abraço e palavra que vierem de você. Se você for terna e amorosa, o seu bebê aprenderá com rapidez o que é agradável e prazeroso. A sua ternura será uma referência do que é bom e do que o faz feliz. A expressão terna do seu amor o ajudará a crescer saudável e resistente e a ser, mais tarde, um adulto equilibrado.

E fácil amar esse seu novo "pacotinho" de alegria e beleza e ser terna, suave e carinhosa com ele. Mostre ao seu bebê o seu lado afetuoso e vulnerável e deixe que o amor flua do seu coração para o dele. Se você se mantiver ancorada no amor, as tarefas diárias ligadas ao cuidado com o bebê nunca serão mecânicas. Elas refletirão a sua natureza doce e os laços de ternura que assegurarão que o seu bebê cresça feliz.

Prece aos anjos
....

Querido Anjo da Ternura, por favor, ensine-me a me amar com a ternura que a minha verdadeira natureza merece. Eu sei que minha essência terna e suave é uma parte inseparável de mim. Quero tocar o meu bebê com essa ternura interior. Ajude-me a aceitar as minhas imperfeições, minhas deficiências e todas as minhas limitações com ternura, de modo que a fonte profunda de amor, dentro de mim, possa fluir. Quero envolver o meu bebê com essa ternura. Obrigada por essa bênção.

 ### *Meditação*

Sinta a alegria que brota do amor e da ternura fluindo através de você. Olhe o seu bebê com olhos suaves e ternos, que transmitam todo o amor que você sente por ele. Embale o seu bebê, fale com ele, cante uma canção de ninar, numa voz doce e suave. Acaricie suas bochechas macias com os dedos e diga o quanto você o ama. Cada toque de ternura fortalece um pouco mais as bases desse amor, que durará para sempre.

BEBÊS DE CÂNCER

O seu bebê de Câncer mudará de humor com tanta frequência quanto você troca suas fraldas. Muito compassivo e intuitivo, ele tem uma natureza criativa ímpar e é muito afetado pelas experiências, que lhe deixam impressões visuais fortes e cenestésicas. Ele tem uma mente sagaz e está sempre recordando e guardando imagens. Suas necessidades emocionais são fortes e seu ambiente familiar, muito importante. Como todos os cancerianos, o seu bebê adorará seu lar. Ali será o seu refúgio, onde ele brincará, se sentirá seguro e tentará realizar seus sonhos.

Os bebês cancerianos são voltados para a vida familiar e muito dependentes das reações dos pais e irmãos. Adoram atenção, mas podem ficar melancólicos quando se voltam para o seu mundo interior e contemplam seus medos. Isso os deixa vulneráveis e frágeis emocionalmente. Quando se sentem inseguros, eles se retraem e buscam a solidão e podem se tornar "rabugentos", como se o mundo fosse o responsável por deixá-los mal e lhes causar tantas decepções na vida.

Os cancerianos têm um lado maternal muito forte e cuidam daqueles que amam. Têm um coração terno e muita cautela antes de oferecer o seu amor ou o seu dinheiro. Eles calculam com precisão suas ações ou experiências e gostam da segurança de uma renda estável ou de uma poupança bem provida, que consideram uma base confiável. Têm medo de fazer as coisas sozinhos e sem uma "apólice de seguro". Quase todos os seus projetos e planos acabam dando certo, porque eles não são precipitados e dedicam muito tempo às previsões e planejamentos.

Os bebês de Câncer são disciplinados e afáveis, sendo geralmente dóceis e quietos. No entanto, como conseguem logo o que querem, se os pais não tomarem cuidado, podem deixar os filhos mimados. Eles têm senso de humor e adoram dar risadas.

Os cancerianos podem ser grandes líderes, com ideias próprias e muita individualidade,

> **ORIENTAÇÃO DOS ANJOS**
> Ajudem-me a criar meu filho, de modo que ele se torne uma criança sensível, equilibrada e amorosa, que responda à realidade da vida de maneira íntegra e saudável. Sei que meu filho tem um coração terno, é bom e amoroso, mas pode achar difícil viver com disciplina. Ajudem-me a mostrar ao meu filho como superar a hipersensibilidade e a demonstrar equilíbrio e moderação diante dos desafios.

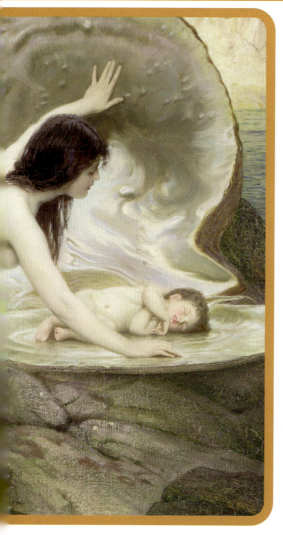

21 de Junho a 21 de Julho

mas precisam de muita empatia emocional para desenvolver suas qualidades artísticas e criativas. Têm uma imaginação admirável e se tornam artistas, diretores de cinema e músicos de talento. Adoram ganhar dinheiro e começam muito cedo a trabalhar e a ganhar um salário.

Os bebês de Câncer têm a possibilidade de se tornarem crianças pacientes, generosas e amorosas, mas tendem a evitar o caminho reto rumo aos seus objetivos. Eles avançam lateralmente, como o caranguejo que simboliza seu signo, ou rodeiam os assuntos, em vez de abordá-los diretamente. Podem ser tímidos ao se expressar e raramente mostram seus desejos interiores, embora adorem ser mimados e admirados. Se não sentem a aprovação dos outros, ficam arrasados. Essas crianças sensíveis podem imaginar que foram feridas ou menosprezadas e se sentirem rejeitadas. Você precisa ter um cuidado especial para convencer crianças cancerianas de que elas são boas, inteligentes, amadas e queridas. Um pai ou mãe que conseguir fazer isso pelo seu filho canceriano será amado e respeitado até idade avançada.

Com uma mente tradicional, uma natureza sentimental com relação ao passado e pendor para acumular objetos antigos, o seu filho de câncer adorará animais e todas as coisas que crescem, além de gostar muito que leiam para ele.

....

***Querido Anjo dos Bebês de Câncer**, proteja e guie o meu filho para que ele possa ver a totalidade da vida em sua verdade, amor e paz. Eu sei que meu filho tem dons maravilhosos que pode oferecer ao mundo. Ajude-nos a incentivá-los de maneira carinhosa e cheia de amor.*

O anjo da Simplicidade

"Quando eu faço a vida simples, toda a complexidade se dissipa naturalmente. Meu bebê e eu adoramos um dia simples, cheio de amor e afeto."

Quando você torna a sua vida simples, é mais fácil lidar com as tarefas que tem pela frente. Ter um bebê recém-nascido requer que você encontre soluções fáceis e práticas na rotina diária, para evitar o stress e encontrar tempo para curtir o seu bebê. É fácil fazer com que ele se sinta bem-vindo, acalentado e confortável; tudo o que você precisa fazer é eliminar o que é negativo, estranho e complicado, de modo que possa concentrar toda a sua atenção nele.

Pais que descansam o suficiente, têm uma alimentação equilibrada e usufruem os prazeres simples da vida são pais mais felizes. Os bebês cuja vida diária é simples e segue uma rotina bem definida também são felizes. Eles adoram a hora do banho e os passeios de carrinho no parque. A simplicidade, quando se torna uma parte integral da sua vida, garante a saúde e integridade do bebê e ajuda você a se adaptar às mudanças complexas e radicais que um filho causa na nossa vida. Só é preciso que você entenda as suas prioridades. Quando você compreender que as necessidades do bebê sempre vêm em primeiro lugar – pelo menos nos primeiros meses –, então pode estabelecer uma rotina que beneficie toda a família com sua previsibilidade e ritmo. Os bebês se sentem seguros, confortáveis e bem cuidados e os pais têm energia suficiente para cuidar deles e da sua própria vida também.

> **ORIENTAÇÃO DOS ANJOS**
>
> Gostaria de saber o que é realmente importante para mim e o meu bebê. Ajudem-me a ter tempo suficiente para me sentar com meu bebê num lugar tranquilo e cheio de paz, ouvir uma bela música, ler um bom livro, tirar um cochilo ou cozinhar uma boa refeição. Ajudem-me a evitar o que é somente rápido e conveniente e deixem-me descobrir o que é sincero e autêntico. Quero criar um vínculo afetivo verdadeiro com o meu filho e criar alicerces saudáveis e criativos para o resto de nossas vidas.

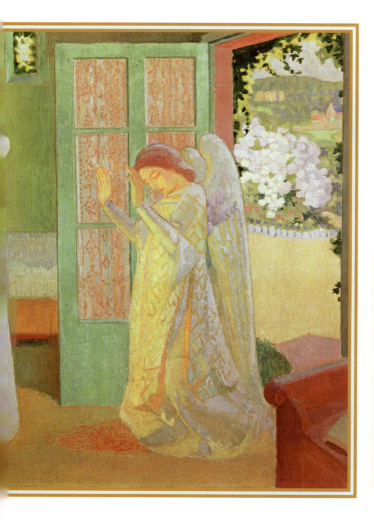

✒ Prece aos anjos

Querido Anjo da Simplicidade, por favor me ajude a tomar decisões que possam simplificar a minha vida. Ajude-me a fazer escolhas, para mim e o meu bebê, que sejam saudáveis, sensíveis e práticas, e atendam a todas as nossas necessidades. Peço que você me abençoe com a consciência do que é simples, bom e verdadeiro para todos nós.

 ### Meditação

Reserve um momento para refletir sobre como você pode fazer inovações simples na sua vida e diminuir o ritmo do seu dia a dia. Será que é realmente importante ter uma vida social intensa? Você está satisfeita com as escolhas que fez quanto ao seu estilo de vida? Você tem um tempo de qualidade com o seu bebê?
Se optou por simplificar a sua vida, o que você manteria, porque está funcionando bem? Como você pode ser uma mãe melhor e apoiar o seu bebê no seu desenvolvimento e felicidade?

O ANJO DA Tranquilidade

"Eu vivo na tranquilidade e deixo que o amor, a alegria e a harmonia fluam para a minha vida e para toda a minha família."

ORIENTAÇÃO DOS ANJOS

Busco orientação para tornar o meu lar mais tranquilo. Sei que posso lidar com os desafios de modo mais equilibrado e elegante, quando tenho a certeza de que tudo está como deveria ser. Preciso de um sentimento mais forte de tranquilidade na minha vida e esta é uma excelente oportunidade para começar a cultivá-lo. Por favor, ajudem-me a ser mais calma, para que eu possa me sintonizar com a minha orientação interior. Eu sei que os anjos só aguardam meu chamado para me dar ajuda e orientação. Confio que vão me ajudar a atender às minhas necessidades. Quero uma vida mais tranquila e menos dramática, em que o meu bebê possa descansar com serenidade e se desenvolver com saúde.

Pais inexperientes se preocupam muito com seus filhos recém-nascidos. Eles raramente relaxam e muitas vezes não encaram com tranquilidade a sua nova condição de vida. Também levam para casa a ansiedade do trabalho, o que também afeta o bebê. Alguns não suportam ver o filho chorando e ficam nervosos por causa de um comportamento que é normal para um bebê e não conseguem perceber quando algo realmente sério precisa de atenção.

Cultivar uma atmosfera interior de paz e tranquilidade é a chave para uma vida doméstica feliz e descontraída. Isso facilita muito a vida dos pais de primeira viagem. Todos precisamos ter um refúgio contra os problemas do mundo e especialmente quando uma alma frágil e delicada entrou na nossa vida. Um recém-nascido precisa de um escudo de tranquilidade para que possa se sentir seguro e se ajustar à sua nova vida.

É possível cultivar a tranquilidade dentro de si de modo que, quando o bebê chorar, você não fique irritada ou aflita. A calma para descobrir qual é o problema a ajudará a entender as sensibilidades do seu bebê. Você pode aprender a diferenciar um choro do outro e o que cada um deles significa. Acalentar o seu bebê é um ato de amor e bondade e, quando você faz isso de maneira tranquila e amorosa, beneficia tanto a você quanto a ele. A tranquilidade, quando constante, cria uma atmosfera relaxante, que ajuda o seu bebê a superar seus medos e desconfortos.

Esta é uma boa oportunidade para você pedir a ajuda dos anjos. Eles podem ajudar você a criar um espaço tranquilo, onde reine a paz. Peça aos anjos para ajudá-la quando o bebê estiver inquieto, pois logo pode obter a resposta para a sua prece. Deixe que os anjos penetrem na sua consciência e eles sussurrarão no seu ouvido exatamente o que você precisa saber para ajudar o seu bebê a relaxar. Os anjos amparam os pais ajudando-os a modular a voz, a se sentirem confortáveis embalando ou carregando o bebê no colo e sabendo tudo o que precisam fazer para acalmar o sistema nervoso delicado do bebê.

Prece aos anjos

Querido Anjo da Tranquilidade, ajude-me a ter tranquilidade em tudo o que faço, especialmente quando cuido do meu bebê. Ajude-me a me sentir tranquila, de modo que eu possa acalmar o meu bebê e lhe trazer paz de espírito. Ajude-me a ter equilíbrio e regularidade com relação a tudo o que diz respeito ao meu bebê. Rogo por calma, paz e tranquilidade.

 ### *Meditação*

Sente-se em silêncio por alguns minutos no início e no final de cada dia. Pela manhã, você pode ler algumas palavras de um livro com frases inspiradoras ou refletir sobre como você gostaria que fosse o seu dia. Você pode visualizar uma imagem de você e o seu bebê felizes, satisfeitos e apreciando a companhia um do outro. Abençoe o dia que tem pela frente com gratidão. À noite, talvez você queira ir para a cama com a consciência de que recebeu muitas bênçãos ao longo do dia. Cada vez que você fizer isso, estará aumentando sua paz de espírito e sua tranquilidade.

A tranquilidade ajuda todos da família. Ajuda cada membro a se acalmar e a ficar em paz, e essa atmosfera acaba por influenciar o bebê. Você pode ficar tranquilo por meio da meditação, de uma música suave, da luz de velas, até de um banho quente. Olhe para dentro de você e encontre maneiras de estimular um sentimento de tranquilidade e suavizar as arestas da sua vida. Encarar as coisas com tranquilidade ajuda você a ficar centrada nos momentos de crise.

Encontre alguns instantes todos os dias para meditar e se centrar, antes de interagir com o seu bebê e com o mundo à sua volta. Isso é muito útil e dá a você uma perspectiva panorâmica da longa missão da maternidade.

O ANJO DA Facilidade

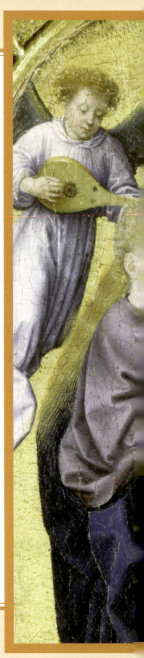

"Eu deixo que a facilidade faça parte da minha vida em todos os aspectos. Essa facilidade reflete a minha alegria por ser mãe e meu amor pela vida."

ORIENTAÇÃO DOS ANJOS

Por favor, ajudem-me a cultivar um senso real de facilidade quando cuidar do meu bebê. Eu adoraria que a facilidade passasse a fazer parte da minha vida de agora em diante. Eu invoco o Anjo da Facilidade para ajudar e apoiar minha tarefa de ser uma boa mãe, uma boa parceira e um bom membro da minha comunidade. Eu invoco o reino angélico para me ajudar a desenvolver uma atitude de facilidade. Isso é novo para mim e eu posso precisar de tempo para ancorar essa nova realidade na minha consciência. Eu peço orientação para ter facilidade em todos os aspectos da minha vida – relacionamento, trabalho, finanças e saúde.

A facilidade pode definir a maneira como você vive, ama e se relaciona com a vida. Ela pode ajudar você nos acontecimentos do seu dia a dia. Quando você permite que a facilidade passe a fazer parte da sua vida, você cria um reino de possibilidades para que o bem chegue até você. A facilidade pode ajudar o seu bebê a sentir o mundo à sua volta como um lugar seguro, amoroso e confiável. Ela também a ajuda em todas as tarefas e dissipa a crença de que a vida é uma luta ou um mal necessário.

A facilidade é uma atitude; é uma lente pela qual você vê as situações da vida e conclui se o copo está meio cheio ou meio vazio. A facilidade é a confiança na generosidade da vida, e não existe mensagem melhor para você transmitir ao seu bebê nos primeiros anos de vida.

A facilidade diz que tudo está certo, mesmo que à primeira vista pareça justamente o contrário. Ela é uma sensação de alinhamento com o bem maior, que pode guiar você através de águas revoltas e ajudá-la a encontrar um porto seguro onde possa aportar. Ela promove e inspira conforto, confiança e contentamento. A facilidade não está relacionada ao modo como os outros reagem a você, mas ao modo como você reage ao mundo à sua volta, especialmente às tarefas ligadas ao seu novo papel de mãe. Se você encarar essas tarefas com essa atitude de facilidade, todos os seus desafios parecerão muito mais amenos.

Prece aos anjos

Querido Anjo da Facilidade, por favor faça com que a facilidade faça parte da minha consciência, para que eu possa usufruir de todo o bem que aflui para mim. Sei que sou um ser de amor e que existe amor à minha volta e dentro de mim. Sei que a facilidade é uma marca desse amor. Eu escolho fazer da facilidade um guia que me oriente em todas as situações da vida. Ajude-me a transformar meu antigo modo de pensar, baseado na dificuldade e no sofrimento, numa vida de luz, facilidades e alegria. Peço esse auxílio agora e agradeço por toda ajuda que possa receber.

 ## Meditação

Mentalize como você acha que será o dia que tem pela frente. Você o vê passando com facilidade? Consegue adicionar esse novo elemento, a facilidade, na equação do seu dia? Imagine-se cumprindo suas tarefas diárias com facilidade. Veja-se sorrindo e feliz. Você pode deixar que a ideia de facilidade permeie a sua consciência e faça parte de cada gesto que você fizer. Você pode invocar a facilidade em todas as situações desafiadoras. Quanto mais fizer isso, mais controle terá sobre o seu dia e, por fim, sobre a sua vida.

QUALIDADES DIVINAS

Este capítulo enfoca as dádivas do reino espiritual – a fé, o amor, a confiança e a paz –, às quais os pais e o bebê podem ter acesso por intermédio dos anjos. Você pode evocar essas qualidades para ajudá-la a ter mais coragem e a cumprir com desenvoltura o seu papel de mãe. O Anjo da Fé ensina você a ter fé num poder superior que vela por você durante toda a sua vida. O Anjo do Amor vem em seu auxílio para ajudá-la a aprofundar a sua capacidade de apreciar outra pessoa e se manter ao lado dela; o Anjo da Confiança ajuda você a confiar em si mesma no papel de mãe; e o Anjo da Paz fortalece o seu desejo de ter uma vida boa, cheia de paz e amor.

A maternidade e a paternidade acarretam muitas responsabilidades. Por viver em estado de constante vigilância com relação ao bebê, os pais têm de lidar com uma infinidade de situações práticas em casa e muitas vezes no trabalho também. Os medos, as dúvidas e a raiva que podem advir de tudo isso são grandes. Todos os pais precisam da ajuda dos anjos, para que os auxiliem nesse período de muitos desafios.

A fé requer a crença num poder superior à nossa mente limitada. Ela é a mais poderosa qualidade humana que podemos cultivar, e nos permite superar os problemas e tribulações do dia a dia e atingir um estado maior de amor e confiança na vida.

Somos todos feitos de amor. Ele é o elemento constituinte básico e o alicerce do universo, a substância de que é feita a própria vida. Quando temos um bebê recém-nascido em casa, o amor fervilha em todas as células do nosso corpo e se expande para envolver a criança e abençoar tudo à sua volta. O amor é algo que brota naturalmente no coração dos pais. A expressão do seu amor é um ser vivo na forma de um bebê.

A confiança na vida propicia uma atitude que faz com que até os desafios mais insuperáveis pareçam fruto da nossa imaginação. A confiança na vida nos confere a crença positiva de que superaremos os obstáculos mais difíceis, venceremos as intempéries da vida e, no final, tudo ficará bem.

E, por fim, a paz é a bênção que abre caminho para o bem e para a alegria na nossa vida.

Essas qualidades essenciais – a fé, o amor, a confiança e a paz – requerem a consciência interior de que você sempre está ligada ao espírito. Você nunca deixa de ser uma parte de Deus e Deus nunca deixa de ser uma parte de você. A sua vida é sagrada, a vida do seu filho é sagrada. A sua fé define como você trilhará o seu caminho pela vida. O amor é o atributo

PARTE

4

que lhe dá entusiasmo, alegria e plenitude em suas experiências. A confiança é a certeza de que a vida é boa e que você faz parte desse bem. A paz permite que todas as outras qualidades brotem e frutifiquem na sua vida.

Madona Tempi, de Rafael, retrata a santidade do amor entre mãe e filho. Eles estão apoiados um no outro, num estado de terna conexão. A mãe e o bebê têm plena confiança de que o amor reina entre eles. A mãe parece confiante, à vontade e receptiva em sua afeição despreocupada, enquanto segura o seu bebê com ternura, junto ao seu rosto. A cabeça do bebê está voltada para o mundo e seu coração está junto ao da mãe. Essa é uma postura de amor, uma expressão de fé, um ato de total confiança no mais pacífico dos cenários.

O ANJO DA Fé

"Meu bebê é a confirmação da minha fé na vida."

A fé tem sido descrita como a posse antecipada das coisas que se esperam, a evidência de coisas que não se veem. É preciso ter fé para se ter um filho e para aceitar que ele tem sua própria vida e seu próprio destino. Claro que todos os pais querem o melhor para seus bebês e é preciso uma fé profunda para saber que toda pessoa recebe as bênçãos da saúde, da plenitude e da felicidade. A fé é ter convicção disso.

A fé nos ensina que, seja o que for que aconteça na sua vida, isso é para o melhor. A confiança de que somos capazes de superar os desafios da vida aprofunda a nossa fé e nos liberta das preocupações, da autopunição e do medo. Quando nos rendemos à orientação do reino espiritual, deixamos que um poder maior aja em nosso benefício.

Ter fé na vida significa que você tem certeza de que o poder da vida está sempre agindo a seu favor. Isso faz com que você veja o mundo como um lugar seguro, amoroso e cheio de significado, independentemente dos desafios que enfrentar.

A fé nos liberta da ansiedade de fazer tudo acontecer e de ficar em constante estado de alerta, mantendo tudo sob controle. A fé ajuda a diminuir a necessidade de lutar que aflige tantas pessoas ultimamente.

Se você tem fé, isso significa que está fazendo tudo o que está ao seu alcance por si mesma e pelo seu bebê. Você cultiva a fé e vive confiante de que o seu filho é sempre protegido e bem orientado. A fé pode ajudar a superar doenças, transtornos e contratempos. Ela ilumina nosso caminho nos momentos mais sombrios.

A fé é imprescindível, para os pais especialmente, porque é impossível estar em todos os lugares ao mesmo tempo. Abra a sua mente e o seu coração para amar e apoiar o Anjo da Fé, que pode guiar você rumo à verdade e à sabedoria da aceitação e da infinita paciência.

ORIENTAÇÃO DOS ANJOS

A fé é importante em todos os aspectos da nossa vida, mas em nenhum outro ela é mais importante do que na maternidade. Por favor, aumentem a minha fé na minha capacidade de ser uma boa mãe. Ajudem-me a confiar nas minhas decisões com relação ao bem-estar e à segurança do meu bebê. Ajudem-me a ser uma boa guardiã, que vela pelo seu filho com amor e desvelo e recorre ao reino angélico sempre que precisa de ajuda e orientação.

Prece aos anjos

Querido Anjo da Fé, rogo para que me ajude a transformar controle, ansiedade e medo em fé. A fé é a minha ligação com a Fonte. Ela me ajuda a saber, em meu coração, que sou amada, orientada e protegida em todos os momentos da minha vida. Ajude-me a aceitar o meu bem maior, com base na fé de que meu bebê e eu podemos ter uma vida boa e feliz. Confio que a minha fé me proverá em todas as minhas necessidades.

 ### *Meditação*

Olhe para dentro de si mesma e invoque a sua fé na vida. Você pode fazer com que ela se aprofunde em gratidão e confiança. Quando se deixa envolver pela fé, você começa a sentir que tudo está bem e que você está segura, nos braços do amor. Você pode ter mais esperança de que seu bebê será feliz e saudável e que nunca lhe faltará nada. Tenha fé de que a vida trará ao seu bebê tudo de que ele precisa para crescer, se desenvolver e ficar forte. Tenha fé de que ele se tornará um adulto de grande fibra moral. Na sua fé, você fica mais forte e é capaz de vencer todos os desafios da vida.

O ANJO DO Amor

"Estou viva e plena graças
ao poder do amor."

O Anjo do Amor é uma força inexorável que sustenta em suas asas você e o seu bebê. O amor é o que trouxe o seu bebê até você e, à medida que ele começa a sua jornada pela vida, tenha a certeza de que as forças do amor que o guiam e protegem também guiarão e protegerão você. O Anjo do Amor ampara você apesar das suas imperfeições, medos e dúvidas e dos erros de julgamento que inevitavelmente cometerá. Queira Deus que você escolha o amor em vez da autopunição.

O amor é a maior dádiva que recebemos na vida e faz parte de toda a experiência humana. Ele cura todas as mágoas, e é o que nos faz seguir em frente e nos mostra o caminho quando estamos confusos e inseguros. O amor é o que aquece a nossa alma e nos ajuda a ter amor-próprio, compaixão e plenitude. O amor promete plenitude, criatividade, diversão e prazer. Ele nos devolve nosso senso de humor e aperfeiçoa as nossas capacidades de ser bom pai ou boa mãe.

Por meio de perdas e desafios, o amor nos obriga a seguir em frente quando estamos feridos ou desiludidos. Ele nos mantém fortes para enfrentar as batalhas necessárias e estáveis durante crises ou doenças. Deixe que ele faça parte da sua vida.

Invoque o Anjo do amor em todas as suas experiências diárias. Quando se sentir exausta e desanimada, peça a esse anjo para ajudá-la a receber amor. O amor nutre você e a revitaliza em momentos de desespero e solidão. Ele está sempre presente, guardado no fundo do nosso ser. Você precisa simplesmente se abrir para recebê-lo e deixar que ele flua para o seu coração.

Deixe que o amor seja o elo entre você e o seu bebê, não o dever. A criança sente que estava imersa em amor no mundo espiritual e, depois do nascimento, o amor passa a ser crucial para que ela cresça forte e saudável. O amor está vivo dentro do seu bebê e ele responderá ao amor que existe dentro de você.

Escolha o amor acima de todas as coisas. Deixe que o Anjo do amor abençoe você com toda a sua graça.

ORIENTAÇÃO DOS ANJOS

Ajudem-me a encontrar o amor dentro de mim e a irradiá-lo para o mundo e especialmente para o meu bebê. Ajudem-me a entender que o amor é a maior dádiva que nos é concedida. Quando eu escolho o amor, digo "sim" a Deus e digo "sim" à vida. Que o amor me una ao meu filho. Sei que, quando escolho o amor, a vida triunfa.

Prece aos anjos

Querido Anjo do Amor, peço que me liberte dos meus medos, das minhas dúvidas e preocupações, e das minhas atitudes limitantes, que negam minha experiência de amor. Sei que a minha capacidade de amar afeta o meu bebê em todos os sentidos. Rogo para que expanda essa capacidade de dar e receber amor e banhe o meu bebê com afeto e bondade. Por favor, me ajude a ser positiva, íntegra e segura no meu papel de mãe.

 ### *Meditação*

Olhe para o seu bebê e sinta o amor abundante que irradia dele. Ele é um ser de puro amor. Sinta o amor que flui do seu coração, irradia-se para o coração do bebê e volta para você. Você perceberá que o amor é infinito, que ele não tem começo nem fim. Sinta o seu fluxo rítmico todos os dias. Visualize-o como um fluxo cor-de-rosa que se expande diariamente. Quanto mais você amar o seu bebê, mais feliz, forte e cheio de energia ele ficará.

BEBÊS DE LEÃO

Os bebês de Leão têm uma força vital poderosíssima e sua força de vontade é aparente em tudo o que fazem. Em termos gerais, eles são pessoas positivas, que apreciam a magia da vida. São extrovertidos, têm personalidade forte e grande determinação. Demonstram muita dignidade e orgulho pessoal. Os leoninos trabalham duro e jogam para vencer. São pessoas maravilhosas para se ter por perto numa emergência; eles assumem o comando com desenvoltura e não fogem do seu dever. Dão conselhos aos outros naturalmente e se tornam excelentes educadores, políticos e psiquiatras. Têm uma compaixão natural pelos fracos e desamparados.

A criança de Leão é iluminada, feliz, brincalhona e sempre se sai melhor quando pode fazer as coisas do seu jeito; caso contrário, nuvens negras aparecem no horizonte e ela fica mal-humorada. Não é uma boa ideia tolher seu entusiasmo ou ânimo exaltado. Deixe que ela se descubra e, como mãe, estabeleça limites saudáveis para que ela saiba que você está atenta.

Seu filho leonino será um líder nato, mas você precisa ensiná-lo a deixar que as outras crianças também tenham a sua vez. O leonino pode ser autoritário, geralmente dizendo aos outros o que fazer e como fazer. Ele também tem um forte senso de justiça e entende as regras rapidamente quando você o ensina a jogar com honestidade. Ele talvez precise, porém,

ORIENTAÇÃO DOS ANJOS

Ajudem-me a criar esta criança que às vezes parece maior do que a própria vida e nos mantém a todos enfeitiçados pelo seu encanto, carisma e inteligência. Preciso ter equilíbrio para que ela aprenda a seguir as regras da vida e trate os outros com bondade e compaixão. Que ela tenha muitos recursos interiores para que conheça a si mesma e saiba que é um ser cheio de amor, segurança e orgulho de si.

Querido Anjo dos Bebês de Leão, obrigada por me enviar esta criança iluminada. Por favor, proteja-a de acidentes e mantenha-a segura, alerta e atenta a ela própria. Ajude-a a encontrar equilíbrio entre o mundo interior e exterior, para que seus talentos sejam canalizados para um propósito maior e seu coração não se ocupe apenas dos outros.

22 de Julho a 22 de Agosto

aprender a respeitar os outros para merecer o mesmo respeito. Por sorte, o leonino aprende rápido e logo percebe verdades emocionais.

Os pequenos leoninos são engraçadinhos e carismáticos, mas alguns adoram se exibir. Quando isso acontece, você precisa dizer ao seu filho que esse comportamento não o dignifica e só demonstra vaidade; isso bastará para ele evitar se comportar dessa maneira outra vez. Ele vai adorar ser exibido para os amigos e parentes quando pequeno e aceitará de boa vontade ser o centro das atenções, ganhar presentes e ser alvo de bajulações e elogios. Essa não é uma criança que você precise persuadir a subir num palco. Esse é o seu hábitat. Ele tem uma dignidade nata e maneiras régias que podem causar a impressão, desde a mais tenra idade, de que nasceu em berço de ouro. No entanto, um leonino mimado é um tirano, por isso cuidado para não exaltar demais o seu ego.

Os leoninos fazem amizades leais e são pessoas divertidas, que todos querem ter à sua volta. Eles reagem bem à disciplina contínua e sempre demonstram seu amor e afeição. Têm uma energia poderosa e criativa que é forte e resistente.

O ponto fraco do leonino é sua ousadia excessiva e sua preguiça. O leonino adora dar festas e pode ser descuidado com dinheiro. Portanto, seu filho talvez precise aprender a lidar com suas finanças; o leonino pode ganhar e perder grandes fortunas e ser excessivamente generoso com os outros. Ele também pode cometer exageros, esgotar suas forças e acabar precisando de incentivo para se exercitar, especialmente ao ar livre.

Essa não é uma criança fácil para se criar, por causa da sua natureza indomável. Ela requer que você seja vigilante, imponha limites. Outro problema é que a criança de Leão tem tendência para sofrer acidentes e pode ser vítima de doenças violentas e repentinas. Embora ela seja geralmente forte e resistente em sua recuperação, quando doente, detesta ficar de cama e ser paparicado.

O ANJO DA Confiança

"Eu confio no amor e confio em mim mesma."

A confiança na vida ancora o amor e o bem neste mundo. Quando você tem uma base firme de confiança, você é mais capaz de enfrentar com serenidade os desafios da vida. Quando aprende a confiar em si mesma, você recebe a orientação interior que a leva à felicidade e à alegria. Confiar na vida significa conhecer o bem que existe dentro de você. Essa confiança é o que permite que o bem chegue até você e cure o planeta.

Quando nasce um bebê, sua alma precisa vivenciar a bondade, a estabilidade e o aconchego constantes que ele conheceu no mundo dos anjos. O amor pode dar isso a ele. Você tem mais condições de amparar o seu bebê quando confia no bem e no amor e, especialmente, quando confia mais em você.

Sem confiança, a vida é pontuada de medos e preocupações. Você deixa de ter o sentimento de que pertence a algum lugar e não sabe mais como reagir às situações. Se você não tem uma base saudável de confiança, precisa cultivá-la o quanto antes e mantê-la na sua consciência. Ninguém quer ser uma vítima da vida, por isso é importante pedir ao Anjo da Confiança para que ele a ajude a dissipar os pensamentos negativos.

A confiança ajuda você a erigir alicerces sólidos e saudáveis para vivenciar a realidade. Ela a ajuda a entender a vida sem a necessidade constante de explicá-la ou controlá-la. A sua confiança fortalece você e a torna uma pessoa plena e abençoada. Ela faz com que você irradie um profundo sentimento de amor e bondade para o seu bebê, levando-o a sentir que a vida é segura e que tudo está bem. Essa é a base que lhe permite iniciar sua vida neste mundo da melhor maneira possível.

ORIENTAÇÃO DOS ANJOS

Ajudem-me a confiar no bem onipresente que existe em abundância no universo. Que eu consiga dissipar todos os pensamentos negativos e desfavoráveis à vida, que limitam a minha experiência do bem, pois eles me enfraquecem e afetam o meu bebê. Quero que ele seja livre para traçar o seu próprio caminho na vida, sem que as minhas limitações e fraquezas interfiram na sua experiência. Ajudem-me a saber que o meu ser é feito de amor, que eu estou segura e que o mundo é uma imagem do que eu crio com os meus pensamentos.

Prece aos anjos

Querido Anjo da Confiança, obrigada por manter meu equilíbrio e estabilidade enquanto aprendo a exercer meu papel de mãe. Obrigada por fortalecer a minha confiança na vida enquanto passo por essa nova experiência. Sei que eu tenho muito a oferecer com meu amor e a minha alegria. Peço sua orientação para viver uma vida plena de amor e de confiança no bem.

Meditação

Reflita sobre a confiança. Você confia em si mesma? Consegue atingir o âmago do seu ser, onde a sua vida se funde com toda a vida e você sabe que é amparada e acalentada, apesar de tudo o que a sua mente pode lhe dizer?

Você é capaz de encontrar a verdade, a força, a sabedoria e o amor que existem dentro do seu ser? Você consegue trazer essas qualidades para a sua vida consciente e ajudar o seu bebê a sentir que a vida é boa e ele está seguro.

O anjo da Paz

"A paz vive no meu coração e norteia a minha vida."

Nosso coração anseia por paz. Quando você traz uma nova criança ao mundo, quer que ela viva num mundo de paz. Mas a paz deve começar em casa; nosso lar deve ser um ambiente propício para aconchegar o bebê, levando-o a se aquietar e a se sentir confortável e à vontade na sua nova vida. Que a sua casa e o seu coração sejam envolvidos por uma atmosfera de paz. Na realidade, faz parte da sua natureza vivenciar a paz.

A paz permite que a vida flua no seu ritmo natural no dia a dia. Ela nos dá estabilidade e um ambiente saudável na qual o bebê pode crescer forte e saudável. Ela inspira uma sensação de segurança e bem-estar que faz com que ele cresça e se desenvolva porque se sente seguro para isso.

Na verdade, só conseguimos relaxar das pressões do dia a dia quando existe paz no nosso coração e na nossa mente. A paz nos faz prosperar; ela nutre o nosso espírito e é o suporte de um lar feliz e amoroso.

Se você busca a ajuda do Anjo da Paz, é porque está querendo auxílio para o seu bebê dormir melhor, comer melhor e crescer feliz. Você quer que o seu bebê sinta que a vida é uma experiência alegre e

ORIENTAÇÃO DOS ANJOS

Ajudem-me a fazer da paz o grande alicerce da minha vida. É disso que o meu bebê e eu precisamos para ter uma vida feliz. Sei que existe paz dentro de mim. Peço que me auxiliem a chegar nesse ponto dentro de mim onde o amor é abundante, onde tudo está bem e aonde eu posso ir quando estou perdida ou insegura. Ajudem-me a criar um santuário de paz, onde eu possa descansar, relaxar e curtir meu bebê.

Prece aos anjos

Querido Anjo da Paz, ajude-me a encontrar o cerne do meu ser, onde o amor de Deus se expressa em paz. Peço isso por mim e pelo meu bebê, que anseia por paz para começar a sua vida na Terra. Rogo que meu bebê cresça num ambiente de paz, que tenha um fluxo estável de atividade, marcado pela facilidade e tranquilidade. Peço que todos os aspectos conflitantes e estressantes da nossa vida sejam minorados e substituídos por atividades mais serenas e alegres. Envolva meu bebê com uma aura de paz, para que ele possa ficar protegido.

 ## Meditação

Comece suavemente a sentir que no fundo do seu coração existe um reservatório profundo de paz, ao qual você pode recorrer sempre que quiser. Ele é seu e você pode recorrer a ele sempre que se sentir insegura, carente de amor ou perdida. A paz é uma dádiva que sempre está ao nosso alcance. Ela é a garantia de que tudo está bem, de que tudo é amor e de que tudo é bondade.

vibrante e que o conflito, a desarmonia ou a tensão, que o levam a se retrair e a se fechar para o ambiente à sua volta, sejam banidos da vida dele.

A paz é o que nos permite sentir alegria e prazer. Não significa que tudo é sempre quietude e serenidade. Na paz também existe atividade, fluxo, ordem, harmonia e bom humor. Existe, no entanto, um senso de equilíbrio que permeia toda a vida.

GRATIDÃO

Os anjos adoram nossos louvores e agradecimentos. Essa é a recompensa deles pelo auxílio e a orientação que nos oferecem. Você pode retribuí-los homenageando-os com um sentimento de alegria e celebração, e consagrando o seu bebê aos mais elevados princípios da vida. Por meio dessa consagração, você invoca o Anjo da Celebração e do Júbilo e trava um relacionamento com o Anjo da Consagração. Isso, por sua vez, a leva a se aproximar do Anjo da Alegria e do Anjo da Plenitude. Você os abençoa quando encontra sua felicidade e graça na sua nova condição de mãe e na chegada do seu bebê.

A gratidão mantém você consciente de todo o bem que existe na vida. Ela a lembra de que nada é garantido nesta vida e que você não tem o direito de simplesmente usufruir o bem que se apresenta na sua vida sem dar nada em troca. A gratidão é o seu jeito de reconhecer as muitas dádivas que você recebe diariamente.

Negar o bem porque você sente que não o merece é algo que limita você e a transforma em alguém que não irradia nada de bom para o mundo. Reconhecer a dádiva da vida, a bondade das pessoas, a beleza que a cerca e, mais particularmente, a maravilha que é o seu bebê é uma maneira de retribuir ao mundo espiritual o bem que ele irradia para você. Diga, "Obrigada, meu Deus, por todas as dádivas maravilhosas que me concedeu. Obrigada pelas bênçãos que se derramam sobre a minha vida".

Se você fizesse uma lista de todas as coisas boas que acontecem na sua vida, ficaria surpresa ao constatar quanto bem você vivencia e lhe é concedido de graça. A vida é a maior das dádivas; o seu corpo funcionando perfeitamente e o fato de poder enxergar, ouvir e tocar também são dádivas impressionantes. A beleza do mundo à sua volta é uma dádiva, assim como o amor e a bondade de algumas pessoas que você conhece.

Quando você agradece pelo seu bebê, tem a oportunidade de expressar integralmente a sua humildade e gratidão pela sua própria vida e a dádiva que recebeu. A lembrança do quanto tudo isso é precioso lhe dá uma razão para retribuir à vida de muitas maneiras.

Na pintura Madona e a Criança, *de Rafael, a Madona contempla um livro sobre a lei que rege o ato sagrado da consagração da vida – o antigo costume judeu de honrar a tradição e mostrar gratidão a Deus. A Madona está tranquila e serena. Seu filho, por outro lado, se mostra brincalhão e cheio de energia. Pode-se perceber que a mãe sabe que foi abençoada com sua dádiva preciosa. Seu bebê está seguro, mas ao mesmo tempo alerta e muito curioso.*

PARTE 5

O ANJO DA
Celebração e do Júbilo

"Eu celebro o nascimento do meu bebê com alegria e prazer."

Celebrar o nascimento de um bebê saudável e belo é uma maneira de agradecer ao reino espiritual pelo milagre da vida. Seja isso feito no batismo ou no rito judaico da circuncisão, ou simplesmente numa reunião de família, você está apresentando o seu bebê aos anjos e à sua comunidade de amigos e familiares.

Quando você expressa a sua gratidão, todo o reino angélico exulta, em alegria, e oferece a você as suas bênçãos. A gratidão é um reconhecimento de que você está encantada com as dádivas que o seu bebê oferece à vida. Ela honra o milagre que você recebeu. A sua casa, a sua família e a sua comunidade foram abençoadas pela chegada dessa criança.

A celebração anuncia ao mundo que você se sente humilde e plena, diante do seu bebê. Ela é a expressão sagrada da sua gratidão. Você agradece por ter sido abençoada com um bebê saudável; você se rejubila com a bênção recebida. Quando você celebra, reafirma a individualidade do seu bebê e a sua responsabilidade por ampará-lo até a maturidade. Você também honra o reino espiritual e a Fonte de toda a criação que tornou isso possível.

O júbilo é uma poderosa expressão da gratidão ao Criador. Você pode invocar o Anjo da Celebração e do Júbilo para ajudá-la a compartilhar a sua alegria com aqueles que a cercam e que amam você e lhe desejam o melhor no seu novo papel de mãe. Você sabe que o seu bebê representará, por toda a vida, uma bênção para você.

> **ORIENTAÇÃO DOS ANJOS**
>
> Ajudem-me a reconhecer o milagre da vida. Que eu consiga unir aqueles que amo e com quem eu gostaria de celebrar a dádiva de ser abençoada por esta criança. Ajudem minha família e meus amigos a deixar de lado o amargor ou a mágoa que possam ter vivido no passado e comungar conosco no espírito do amor. Ajudem-nos a celebrar a vida com alegria.

Prece aos anjos
....

Querido Anjo da Celebração e do Júbilo, ajude-me a valorizar o dom da vida todos os dias. Sei que cada dia que eu compartilho com meu bebê é um motivo para agradecer. Quando vejo meu bebê crescer forte, sei que isso é uma razão para eu celebrar e mostrar meu júbilo. Sou abençoada com um bebê e peço que abençoe também aqueles que eu amo. Eu sei que este bebê é um presente para mim, individualmente, e para o meu parceiro, para a minha família e para a minha comunidade. Obrigada por me ajudar a celebrar esta ocasião sagrada.

 ### *Meditação*

Reflita sobre qual seria o modo mais apropriado para celebrar essa nova vida. Como você poderia criar uma cerimônia que expressasse a sua alegria, gratidão e humildade diante da grandeza da vida? Quais amigos, parentes e colegas você convidaria para celebrar com você este novo começo – como mãe e com o seu novo bebê?

O ANJO DA Consagração

"A vida é sagrada.
Eu a consagro com uma
cerimônia em nome
do amor."

A consagração é um ato de reconhecimento das bênçãos que recebemos. Consagramos nossas maiores alegrias como também as nossas perdas. Valorizamos a dádiva da Vida concedida por Deus e somos profundamente gratos por ter recebido essa bênção. Que alegria poderia ser maior do que dar as boas-vindas a uma nova criança e reconhecer a fonte da vida?

Talvez você queira consagrar a vida do seu bebê ao espírito, na esperança de que ele se torne um ser espiritual e responsável. Esse é um costume antigo de agradecer pelo seu nascimento. Seja qual for a forma que a sua consagração possa tomar, seja uma celebração tradicional ou um ritual pessoal compartilhado com amigos e entes queridos, o fato de você estar celebrando é um ato humilde e amoroso de demonstrar sua gratidão. Ao fazer isso, você pede que a vida do bebê seja protegida e bem orientada. Você reconhece a origem da vida e o fato de ela tê-la abençoado com graça, orientação espiritual e amor.

O ato de consagração é um ato sagrado. Ele é um reconhecimento direto do poder do amor que o seu filho simboliza. Ele pode consistir numa simples prece ou na leitura de um poema em voz alta. Também pode ser uma canção que celebre a vida desse novo bebê. Invoque o Anjo da Consagração para inspirá-la. Você pode tornar o seu ato de consagração tão sofisticado quanto um sacramento oficial numa igreja ou templo ou pode limitá-lo a uma prece de agradecimento. O que realmente importa é o seu voto de gratidão pela bênção recebida e o fato de você reconhecer com reverência o caráter sagrado da vida.

As suas preces pela vida do seu bebê devem rogar que ele seja um ser bem-vindo, honrado, abençoado e aceito por aqueles que velam por ele e são responsáveis pelo seu bem-estar. Toda prece pela sua saúde, felicidade, prosperidade, criatividade e alegria carrega o desejo de que a vida seja boa e segura para ele.

ORIENTAÇÃO DOS ANJOS

Ajudem-me a criar um ritual apropriado que homenageie o meu bebê e seu relacionamento com o Criador. Eu reconheço o poder do espírito na nossa vida e desejo compartilhar isso com as pessoas que me são caras. A consagração é um ato sagrado de reconhecimento e gratidão, que eu posso utilizar para apresentar meu bebê ao mundo. À medida que ele cresce e amadurece, terá uma conexão forte e indelével com o mundo espiritual, o que o manterá em contato com os anjos e com a Terra.

Prece aos anjos

Querido Anjo da Consagração, agradeço
por esta oportunidade de demonstrar
minha gratidão pelas bênçãos com que fui
abençoada, e humildemente reconheço este
milagre da vida. Sei que toda prece e todos
os votos de felicidade ajudam o meu bebê a
se sentir seguro e bem-vindo.
Eu tenho satisfação em celebrar o
dom da vida que inspira a minha alegria.
Sei que esse é um ato sagrado.

 ### Meditação

Sente-se com o seu bebê nos braços e, no
silêncio do seu coração, expresse a gratidão
que consagra a vida do seu filho. Ofereça
as suas preces a Deus e aos anjos, em
agradecimento pelas bênçãos que recebeu
com o seu bebê. Toda dor, sofrimento e
traumas serão dissipados nesse momento
de reconhecimento. O dom da vida
lhe foi concedido para que você o ame,
cuide dele e o proteja.

BEBÊS DE VIRGEM

Os bebês de Virgem falam cedo e são muito hábeis em mímica. Eles podem copiar os seus gestos e atos e se tornar atores muito bons por causa dessa habilidade. São alertas e rápidos, no entanto pacíficos e tranquilos. Isso significa que podem ser encantadores e irritantes ao mesmo tempo. Em geral são crianças agradáveis, que têm poucos ataques de raiva e não criam muito conflito. Podem cultivar hábitos arraigados desde a mais tenra infância; por exemplo, têm o seu próprio horário de refeições e podem ser muito exigentes com relação à comida.

ORIENTAÇÃO DOS ANJOS

Por favor, ajudem que meu filho desenvolva o seu poder de imaginação e equilibre a vida ordenada, prática e pragmática do virginiano à vida interior rica em fantasia, que pode nutrir e sustentar sua alma. Ajudem-me a mostrar ao meu filho todos os lados de uma situação, que inclui tanto um aspecto prático e realista quanto possibilidades mágicas e míticas que encantam e deslumbram. Auxiliem meu filho a ver o interior e o exterior, o escuro e o claro e aceite tudo sem criticismo ou julgamento.

23 de Agosto a 22 de Setembro

Querido Anjo dos Bebês de Virgem, *por favor ajude meu filho a conhecer a verdade sobre a vida e a nunca deixar de fazer descobertas pelo fato de não exercitar sua imaginação. Fomente o seu lado prático e sua curiosidade pelo lado mágico da vida, para que ele possa concluir que a vida vale a pena e que ele é uma parte muito bem-vinda desse milagre.*

Os virginianos podem ser muito modestos e tímidos. São amigáveis com os familiares e amigos, mas acanhados com estranhos. Raramente criam problema, são excelentes companhias e demonstram sua afeição fisicamente. São bons com animais de estimação, que os ensinam como amar sem palavras, e são cuidadosos com as pessoas doentes, inseguras e desamparadas.

Com um forte senso de dever, maior do que o amor pela frivolidade, Virgem se ocupa demais com os seus projetos para perder tempo com devaneios, por isso pode não exercitar muito a imaginação. Não é muito afeito a contos de fadas ou brincadeiras de faz de conta, pois isso desafia sua percepção da realidade. Os virginianos sempre sabem onde pisam e respondem à gentileza de outras pessoas de maneira reservada, demonstrando com cautela sua afeição e sendo cuidadosos com dinheiro. Sua maior deficiência é a autocrítica excessiva.

Você pode contar com um virginiano quando quer um trabalho benfeito; eles trabalham duro e mais tempo nos projetos do que os outros signos, mas se preocupam em não concluir um trabalho, falhar ou depender de outras pessoas.

Eles sabem como pôr ordem no caos e odeiam desperdício. Infelizmente, seu sistema nervoso sofre com essa precisão e eles muitas vezes sofrem de má digestão.

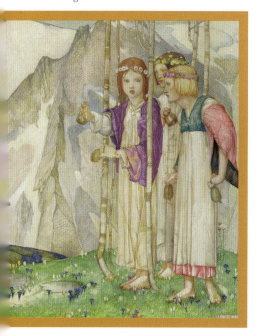

O ANJO DA Alegria

"Eu me conecto com a fonte profunda de alegria dentro de mim."

A alegria de ter um bebezinho em casa toca fundo o coração. E essa alegria permanece mesmo em face de todas as tarefas e responsabilidades que pesa sobre os ombros dos pais. Os bebês são seres que nos fazem bem, porque são feitos da mais pura alegria. Eles vêm do reino dos anjos. O Anjo da Alegria pode ajudar você a conservar a sua alegria, enquanto enfrenta os desafios da maternidade.

O bebê também lhe dá oportunidade de compartilhar sua alegria com outras pessoas. Ele é, afinal das contas, um símbolo da esperança no futuro e de reconciliação com o passado. Ele é uma ligação com a unidade de toda a vida. No coração, você sabe que não existe nada mais exultante do que o seu bebê, um ser que oferece ao mundo uma nova esperança e a você, um novo começo e uma chance de cura.

Toda vez que segura o seu bebê no colo e olha nos olhos dele, você sente o coração cheio de alegria. Essa experiência de amor que você compartilha com o seu bebê pode tornar você um ser pleno. Os bebês inspiram alegria!

Os bebês representam o amor comum pela vida que todos sentimos. Eles nos lembram do que é bom, terno, puro e descomplicado. Poucas criaturas na Terra têm tanto poder de fazer com que as pessoas sorriam, riam e se sintam bem com relação à vida. Todos somos muito gratos aos bebês por isso.

ORIENTAÇÃO DOS ANJOS

Ajudem-me a sempre ter um coração amoroso e uma mente cheia de gratidão, quando contemplar meu bebê ou qualquer criança. Que eu esteja sempre consciente de que sou abençoada pelo amor puro que o meu bebê traz ao mundo. Ajudem minha família a ficar feliz com o meu bebê. Como mãe inexperiente, ajudem-me a reconhecer o fato de que fui abençoada e sou protegida.

Prece aos anjos

Querido Anjo da Alegria, ligue-me com a fonte da alegria que irradia dessa nova vida. Ajude-me a lembrar de que um dia eu também fui a fonte de alegria da minha família e fui amada e acalentada da mesma maneira que o meu bebê é agora. Peço que sejamos reunidos por essa alegria profunda que sinto dentro de mim e que eu sempre saiba que a alegria é a maior sustentação da nossa vida.

 ### *Meditação*

Perceba se você consegue se abrir para a pura alegria que existe dentro de você e que irradia do seu bebê. Veja como o seu bebê reage à sua atenção com olhos brilhantes e inquisitivos e um doce sorriso. Deixe-se acalentar pelo bem e a pureza do seu bebê. Você pode ser tocada por essa fonte de alegria todos os dias e de muitas formas diferentes. Mantenha-se aberta a essa alegria sempre que possível. Ela curará você.

O ANJO DA Plenitude

"Eu me sinto preenchida pela experiência de amor que vivo como mãe."

A plenitude vem da consciência de que o seu bebê representa algo pelo qual você ansiava muito para tornar a sua vida completa. Quando agradece por essa nova vida, você se sente invadida por um sentimento profundo de plenitude. Reserve algum tempo para sentir a emoção eletrizante de saber que ser mãe era o que você queria e conseguiu. Você esperava há muito tempo a chegada dessa criança. Agora, seu nascimento significa a realização de um sonho.

Há momentos em que você se esquecerá de quanto ansiava ser mãe ou ter um filho, e nesses momentos o Anjo da Plenitude poderá vir em seu auxílio para lembrá-la do lugar especial que o seu filho ocupa no seu coração. No entanto, por hora, concentre-se na consciência de que você se sente plena. Usufrua esse sentimento de realização e orgulho que acompanha o nascimento do seu filho. Agora você é mãe de um lindo bebê. A vida dessa criança será cercada de amor e ela se tornará um indivíduo maduro graças a todo esforço que você fará em seu benefício. Sinta a plenitude dentro de você e perceba o quanto ela é profunda. Isso a ajudará a crescer e amadurecer como pessoa.

ORIENTAÇÃO DOS ANJOS

Sei que a minha vida é agitada e muitas vezes atribulada por causa das inúmeras tarefas relacionadas ao meu bebê. Sei que posso dar conta de tudo, mas quero me manter em contato com o senso profundo de plenitude que existe dentro de mim agora, pois ele propicia o meu desenvolvimento interior e me ajuda a lembrar o quanto eu quis esse bebê e como me sinto plena agora que sou mãe. Pequenos lembretes são suficientes para que eu mantenha esse brilho que vem do amor que irradia de dentro de mim. Sei que a consciência da importância desta criança na minha vida é o alicerce espiritual de toda a minha família.

Prece aos anjos
....

*Querido Anjo da Plenitude, eu reconheço que algo brotou no fundo da minha alma quando me tornei mãe e acolhi de boa vontade essa linda criança na minha vida. Esse relacionamento preenche uma parte tão profunda dentro de mim que eu não consigo expressar em palavras. Ajude-me a entrar em contato com esse âmago profundo do meu ser, para que eu me lembre desse sentimento e o faça perdurar por toda a minha vida.
Sei que ele faz de mim uma pessoa mais amorosa e compassiva.*

 ### *Meditação*

Volte-se para o seu mundo interior, para aquele centro tranquilo bem no fundo do seu ser. Permita-se vivenciar o sentimento profundo de plenitude e felicidade que brotou ali com o nascimento do seu bebê. Sinta a alegria, o orgulho e a maravilha que representa a maternidade. A vida é um grande mistério e como mãe você faz parte dele. Reconheça para si mesma e para aqueles que você ama como você se sente plena quando segura e acalenta o seu bebê. Isso enriquece a sua alma e fortalece o vínculo entre você e o seu filho.

ACEITAÇÃO INCONDICIONAL

Como mãe, você agora tem a oportunidade de aproveitar a possibilidade de crescer espiritualmente por meio do Anjo do Amor Incondicional. Essa dádiva abrirá o seu coração e a sua mente para a verdade do amor que existe dentro de você e do seu bebê.

Por meio do Anjo do Afeto e do Carinho, você enfoca a profundidade do amor que existe em você pelo seu bebê, criando um canal de amor indestrutível e permanente, não importa o que aconteça na sua vida.

Quando você adquirir mais prática e desenvoltura no seu papel de mãe, pode invocar o Anjo da Serenidade na sua vida, para ajudá-la a sentir a facilidade e a calma que ajuda o bebê a crescer forte e saudável e pode transformar a sua vida e ajudá-la a internalizar ainda mais o seu mundo.

É por meio do Anjo da Flexibilidade que você se torna uma mãe realista, capaz de se adaptar às mudanças, apta a perceber o que é preciso ser feito e a abrir seu caminho como mãe com um senso único do que funciona para você e o seu bebê.

A aceitação incondicional vem bem do âmago do seu ser. Ela está fora do alcance da natureza crítica e perspicaz da sua mente. Trata-se da qualidade sincera que permeia tudo e tudo perdoa. Você talvez se pergunte se ela requer que você seja santa. Na verdade, ela requer mais do que santidade. A aceitação incondicional requer que você seja uma mãe amorosa e dedicada.

A aceitação incondicional não é natural em nós. Nós a aprendemos observando nossos pais, brincando com os amigos e amando nossos animais de estimação. Aceitar completamente outro ser humano sem julgamento, condições ou qualificações pode ser uma das tarefas mais difíceis com que você pode se deparar como ser humano.

Amar seu filho na perfeição do seu ser, exatamente como ele é, sem querer acrescentar nem eliminar nada, é o que eleva a sua essência espiritual. É o que ajuda todo bebê a crescer e ser feliz. Isso nutre muito mais do que o alimento e é mais poderoso do que qualquer remédio ou vitamina que você possa dar a ele.

Aceitação incondicional significa cumplicidade completa e um sentimento de encantamento por tudo o que o seu bebê é, faz e

PARTE

6

expressa. Ela pode fazer dos primeiros doze meses de vida uma experiência idílica para qualquer criança. Depois desse tempo, são estabelecidos os limites e ela passa a conhecer as realidades da vida.

Todo mundo devia ter direito a uma infância perfeita, pois ela confere imunidade contra os desafios da vida e uma resistência incontestável face às doenças e ao stress. Depois de uma infância perfeita, os pais precisam se voltar para outras questões, relacionadas à educação e à carreira profissional. Depois que o bebê começa a andar e a querer conhecer o mundo, os parâmetros se tornam mais bem definidos, e é bom que seja assim. Ninguém pode ser criança para sempre. Mas, enquanto o seu filho é pequeno, a única regra que se aplica a ele é a aceitação incondicional, total e irrestrita.

Na pintura de Rafael, a Madona de Orleans, *a mãe se senta em silencioso e tranquilo repouso, segurando o filho no colo. Um dos pés do bebê descansa sobre a mão dela. O bebê toca gentilmente o decote do seu vestido. O olhar da mãe está atento à criança e demonstra seu amor incondicional. Esse sentimento entre eles unirá mãe e filho pela eternidade.*

O ANJO DO Amor Incondicional

"Eu recebo a dádiva do amor incondicional do meu bebê e a retribuo integralmente."

Amor incondicional significa exatamente isso. Significa que você ama sem julgamento, criticismo ou qualificações. Você ama o seu filho e o aceita como ele é. Isso dá a ele permissão para ser quem é e dá o mesmo a você.

O amor incondicional é uma dádiva rara que você pode receber daqueles que lhe são próximos. Você não precisa preencher condição nenhuma para ser amada. Isso é algo que faz você evoluir, aceitar suas diferenças e saber que é digna de amor. Você sabe que pertence a uma família espiritual. O amor incondicional faz com que você se veja como uma criação perfeita do amor de Deus.

Quando você ama o seu filho incondicionalmente, cria uma aura de total aceitação na qual ele pode florescer. Não há críticas ou faltas que façam o seu bebê sentir que, de algum modo, ele está errado. Quando se permite amar profundamente, você transforma a maneira como você se ama e se aceita e vê o mundo à sua volta. Esse nível de amor é o que dá ao seu filho permissão para ser quem é, sem ter que mudar nada em si mesmo.

Amar incondicionalmente não é fácil; no entanto, é o que se espera de nós. Poucos de nós já passaram pela experiência de ser amados incondicionalmente, e nossos modelos são poucos. Muitas vezes nossos julgamentos bloqueiam nossa verdadeira percepção das qualidades divinas intrínsecas a cada pessoa. Quando consegue amar seu bebê incondicionalmente, você cria o contexto para que ele encontre um mundo em que qualquer coisa é possível.

> **ORIENTAÇÃO DOS ANJOS**
> Por favor, levem-me à total aceitação e ao amor incondicional pelo meu bebê. Não é fácil amar incondicionalmente e aprender a não julgar. Quero ser capaz de atingir esse nível de amor. Sei que os julgamentos severos criam separação e inibem a criatividade e o amor à exploração e à aventura. Eles limitam a nossa capacidade de lidar com o mundo. Por favor, ajudem-me a seguir o curso do amor incondicional e levem-me a descobrir o amor que existe dentro de mim.

Prece aos anjos
....

Querido Anjo do Amor Incondicional, peço que me ajude a cultivar a capacidade profunda e abrangente do amor incondicional. Ajude-me a deixar de lado os julgamentos punitivos e o criticismo excessivo, os medos restritivos e as opiniões autoritárias que limitam a plena autoexpressão do meu filho. Essas coisas me separam do mundo e tornam muito mais difícil para ele superar essas limitações impostas. Ajude-me a amar e aceitar meu bebê incondicionalmente e também a mim mesma.

 ### Meditação

Observe o seu bebê dormir. Veja a sua perfeição, beleza e graciosidade. Ele acabou de chegar ao mundo, vindo do mundo espiritual, onde brincava com os anjos e era amado livre e incondicionalmente. Deixe que o amor que você sente por ele envolva todo o seu ser; abra o seu coração e permita que o seu amor flua para você e para o seu bebê e para o mundo à sua volta. Essa é uma meditação para todos os anos que estão pela frente.

O ANJO DO Afeto e do Carinho

"Meu afeto e meu carinho envolvem e aquecem o meu bebê."

Os bebês precisam de afeto e carinho para que a força de sua alma seja impulsionada. Eles precisam disso tanto quanto precisam de alimento e abrigo. Quando a atmosfera em torno deles está repleta de calor humano, seu espírito se expande e sua consciência do mundo é completa e saudável. Eles se sentem seguros e amados.

Todos os seres se expandem quando existe amor e se contraem quando existe dor. O sistema nervoso do bebê é delicado e sensível, por isso é preciso criar uma atmosfera de completa proteção para ele. O Anjo do Afeto e do Carinho pode lhe dar essa orientação.

O afeto e a proximidade são favoráveis à vida e proporcionam ao recém-nascido um sentimento de segurança. Mas os bebês também precisam de estimulação consciente. O seu bebê gosta de ouvir o som da sua voz e podia reconhecê-la mesmo quando estava dentro do útero. Ele também podia reconhecer outras vozes familiares, como a do pai.

Quando recebe excesso de estímulos, os seus sentidos automaticamente se fecham e, quando recebe pouca estimulação, ele se torna apático e inativo. A descoberta do equilíbrio perfeito para ele é o resultado do seu carinho e atenção para com as suas necessidades. Você deve buscar um ponto de equilíbrio no qual ele tenha a dose certa de estímulo, afeto e amor. A consciência das necessidades do seu bebê se desenvolve com o tempo. Você acaba aprendendo o que o agrada ou desagrada.

A maioria dos bebês adora ser embalado, porque isso acalma seu sistema nervoso e gera um ritmo que ele adora. Seu bebê também gosta da tepidez da sua pele e do toque macio dos seus braços fortes a sustentá-lo. Fale com o seu bebê num tom de voz suave e com palavras doces; isso o ajudará a prestar atenção ao que acontece à sua volta e a se desenvolver a contento. Como os bebês não se sentem bem quando expostos a ambientes barulhentos, convém deixar que o seu recém-nascido fique em casa, seguro e confortável, para que possa expandir sua percepção sem medo.

ORIENTAÇÃO DOS ANJOS

Ajudem-me a encontrar a medida certa de estímulo e tranquilidade para manter meu bebê ativo no mundo e ao mesmo tempo completamente seguro e à vontade. Meu bebê tinha ciclos internos, como os períodos de sono e vigília, enquanto estava no meu útero. Ajudem-me a ficar atenta a eles e adaptá-los agora que ele nasceu, para que ele possa adquirir um ritmo saudável.

Prece dos anjos

Querido Anjo do Afeto e do Carinho, ajude-me a atender às necessidades do meu bebê, mantendo-me receptiva e atenta. Quero que ele saiba que está seguro e é amado, aceito e apreciado pelo que ele é. Ajude-me a eliminar do seu ambiente qualquer coisa que lhe seja perigosa ou prejudicial. Quero criar um mundo de alegria, felicidade e diversão para ele. Quero que o meu bebê saiba que nós o recebemos com um amor, afeto e carinho que brota nas profundezas do nosso ser.

 ### Meditação

Pense em como você pode fazer o seu bebê se sentir belo, amado e bem-vindo. Você expressa o seu afeto num tom de voz suave? Quanto mais fizer isso, mais tranquilo ele ficará e mais o seu amor o envolverá. Você toca o seu bebê suavemente e o massageia depois do banho? O seu bebê vai se conhecer por meio do seu toque amoroso e consciente.

Reserve algum tempo para prestar atenção ao seu bebê, não só para atender às suas necessidades de comida ou higiene. O seu bebê precisa sentir o seu afeto e saber que você o ama com todo o seu ser, não só porque ele tem necessidades e você se preocupa em satisfazê--las. Ele precisa saber que o amor que você tem por ele existe nas camadas mais profundas do seu ser. Converse com o seu bebê, brinque com ele e esteja sempre por perto para ajudá-lo a ver a vida de maneira positiva.

BEBÊS DE LIBRA

Os librianos têm uma personalidade de duas dimensões: eles podem ser iluminados e sombrios, amorosos e dominadores, adoráveis e argumentativos, afáveis e agradáveis, mas também mal-humorados e arrogantes, inteligentes mas crédulos e ingênuos. Podem ser ouvintes maravilhosos, mas muitas vezes monopolizam a conversa, falando sem parar. Repleto da dualidade da vida, que requer ambas as extremidades do espectro para equilibrar a balança, Libra vive tentando equilibrar os pratos da balança para manter esses traços de caráter em harmonia. Metade do tempo eles são maravilhosos, charmosos, equilibrados e calmos, e a outra metade do tempo são deprimidos, confusos, inquietos e teimosos. São cheios de altos e baixos.

As crianças librianas sabem como abrandar um coração empedernido. Elas são encantadoras e geralmente conseguem, desde bem pequenas, o que querem das pessoas. Quando são criadas com equilíbrio, são crianças incríveis. Se são mimadas antes de chegar à idade escolar, pode haver problemas. Elas precisam de apoio, não de mimo. Há crianças que realmente querem agradar, mas elas precisam de harmonia. Quando um adulto as força a seguir um molde, podem ficar deprimidas e melancólicas.

As crianças librianas nascem com mentes brilhantes, curiosas e lógicas, que buscam a verdade. São dotadas de inteligência e têm capacidade de ponderar a respeito de temas profundos. Justas e de bom coração, elas gostam de conhecer os dois lados de uma questão. Gostam de respeitar as regras, mas só quando acham que elas estão corretas; os pratos sempre têm de estar equilibrados.

Elas têm dotes artísticos e bom ouvido musical. Além disso, têm muita necessidade de se expressar. São excelentes comunicadores e fazem isso principalmente por meio de palavras e sorrisos. Adoram se vestir com elegância e usam produtos que as fazem se sentir bem. Adoram harmonia, paz, beleza e conforto em alto nível.

ORIENTAÇÃO DOS ANJOS

Por favor, ajudem-me a encontrar um equilíbrio com o meu bebê. Quero saber quando ele está cansado e precisa descansar e quando precisa de estímulos e atividade. Espero não mimá-lo demais fazendo tudo o que lhe agrada, mas quero que ele saiba que é profundamente amado, amparado e apreciado. Ajudem-me a fazer o que é certo para essa criança e a deixá-la se expressar da melhor maneira possível.

Querido Anjo dos Bebês de Libra, por favor abençoe a nossa criança com *um senso de verdade e de justiça*. Ajude-o a encontrar o seu caminho no mundo com sua *inteligência e sua honestidade*. Sei que essa criança tem um grande carisma, mas espero que ela confie mais na própria inteligência do que na capacidade de agradar aos outros. Ajude-me a criar uma criança *saudável e feliz*, pronta para enfrentar as responsabilidades com elegância e desenvoltura.

23 de Setembro a 22 de Outubro

O pior hábito do libriano é a indecisão, que pode causar desorientação e frustração. O seu filho detesta tomar decisões porque tem medo de cometer erros e ferir os sentimentos de alguém. Desde a mais tenra idade, ele pode ter dificuldade para escolher as cores ou para saber que meia vestir primeiro ou por qual prato começar a refeição. Se quer ser uma boa mãe para o seu filho de Libra, nunca o confunda com muitas opções. Dê-lhe muitas soluções até ele pensar que foi ele quem pensou em tudo. Na hora das refeições, sirva um prato de cada vez. Quanto menos decisões ele precisar tomar, mais feliz se sentirá.

Os librianos têm reações fortes a interrupções discordantes e a traumas emocionais, e não aprecia barulhos repentinos e altos, e cores berrantes. Precisam de paz e quietude. E é importante nunca invadir sua privacidade.

Eles gostam de atividade e, depois, de um bom descanso para recuperar a vitalidade. Se se esforçam, precisam descansar bastante depois. Essa é a única maneira de mantê-los saudáveis. Eles precisam de muito tempo de lazer para dar conta das responsabilidades de sua vida ativa e às vezes frenética. É bom entender esse lado de Libra para que você possa ajudar seu filho a evitar a exaustão por excesso de atividades. Os librianos muitas vezes têm instintos aguçados para o trabalho mental e gostam de se manter em forma, fisicamente. A menos que exijam muito de si mesmos e se esqueçam do quanto precisam descansar, eles são mais saudáveis do que a maioria dos outros signos.

Os librianos podem cometer excessos em muitas coisas, como comida, bebida e sexo; o maior risco para a sua saúde é a autoindulgência excessiva. Convém ensinar o seu filho a ter autodisciplina para ajudá-lo a superar esse ponto fraco.

O ANJO DA Serenidade

"Estou sempre serena e calma com o meu bebê."

Criar um ambiente de calma e serenidade para você mesma e para o seu bebê é algo que ajudará vocês dois a se sentirem bem. Invoque o Anjo da Serenidade para ajudá-la a fazer um ninho onde você se sinta segura, confortável e feliz e que represente um refúgio de todo stress e tensão do mundo exterior. Talvez você queira mobiliar o seu espaço com uma cadeira em que possa embalar o seu bebê ou um berço em que ele possa dormir embalado por movimentos rítmicos. Um espaço assim ajudará seu bebê a se sentir seguro e aconchegado e facilitará muito o seu papel de mãe. A serenidade é resultado tanto de um espaço físico quanto de um estado de espírito.

Você também pode reservar um tempo para brincar com o bebê e fortalecer a intimidade e confiança entre vocês. Nada é mais doce do que olhar nos olhos do seu filho e compartilhar com ele momentos de amor e prazer. Esses momentos tranquilizam e aquecem o seu coração e fortalecem a vontade do seu bebê de viver neste mundo.

Momentos de calma e quietude, enquanto você medita, também propiciam a serenidade. À medida que aprofunda a sua fé no espírito e a sua confiança na vida, você se sente mais serena. A serenidade é algo que o bebê sente quando está nos seus braços. Ele fica aquecido no fulgor da sua essência. Isso ajuda você a manter a serenidade e a consciência de que tudo está bem na sua vida.

ORIENTAÇÃO DOS ANJOS

Por favor, ajudem-me a encontrar maneiras de cultivar a serenidade na minha vida. Preciso ter força de vontade para dizer "não" a qualquer coisa que perturbe ou incomode o meu bebê. Eu sei que a TV não é benéfica para nenhum de nós, nem as discussões acaloradas, a música alta ou a tensão entre as pessoas. Quero criar um espaço que ajude o meu bebê a ser feliz e a viver satisfeito. Eu fico serena quando estou em paz comigo mesma, com a minha vida e com os meus relacionamentos. Quero me manter no fluxo do amor, que sabe naturalmente o que propicia a serenidade e a calma. Essa é uma imensa dádiva de amor que eu posso conceder a mim mesma, à minha família e ao meu bebê.

Prece dos anjos

Querido Anjo da Serenidade, você está sempre presente na minha vida. Só preciso invocá-lo para me lembrar de sentir essa serenidade e aceitação. É sempre escolha minha manter isso na minha consciência. Ser mãe implica muitas mudanças e eu rogo que me ajude a desviar meu foco das coisas externas e a concentrá-lo na consciência interna, de modo que eu possa amparar meu bebê no seu desenvolvimento e tornar minha casa um lugar feliz e sereno para todos nós.

 ## Meditação

Visualize uma luz violeta em volta de você e do seu bebê. Essa é a cor da serenidade. Ela envolve vocês numa aura de proteção, paz e tranquilidade. Permite que a serenidade se derrame sobre vocês e permeie o seu ser. Ela preenche o cômodo em que vocês estão e toda a sua casa. Torna tudo o que você faz ou que precisa fazer muito mais fácil, elegante e agradável. Ela faz o seu bebê se sentir feliz.

O ANJO DA Flexibilidade

"A aceitação se aprofunda em mim a cada dia."

Aceitar verdadeiramente as mudanças que um recém-nascido provoca na nossa vida requer flexibilidade. Se você tem expectativas com relação a como a vida tem de tratar o seu bebê, precisará se adaptar a mudanças inevitáveis. A flexibilidade ajudará você a enfrentar as mudanças que fatalmente vão acontecer. Também a ajudará a ter a mente aberta e um coração ávido para ver seu bebê feliz e saudável.

Se você está acostumada com os seus hábitos e ciclos, precisará desenvolver um novo ritmo, que leve em conta o seu bebê. Isso não é fácil, principalmente se está tentando ser uma mãe perfeita ou seguir o que está nos livros. A flexibilidade ajudará você a se adaptar a qualquer emoção que venha à tona. Depois você poderá aceitar a situação que tem pela frente, mesmo que ela mexa com você e mude a sua rotina.

Faz parte do crescimento aceitar a realidade de que tudo muda e enfrentar as situações descobrindo maneiras de se adaptar a elas. Ajuda muito se você se mantiver consciente e pedir ajuda quando for necessário fazer mudanças. Se você enfrenta uma doença ou simplesmente está se ajustando ao ritmo do bebê, pode precisar ser mais flexível para encontrar o melhor caminho a seguir. Se você tem ideias rígidas sobre a maternidade, perderá a oportunidade de fazer escolhas conscientes sobre como transformar todas as novas situações. Seu bebê precisa que você preste atenção aos ritmos e ciclos dele, não no que os livros dizem ser correto ou o que os outros lhe dizem.

A flexibilidade pode ser tão simples quanto fazer uma simples pergunta: "o que é melhor para o meu bebê?" ou quanto pedir a ajuda do Anjo da Flexibilidade. Se você aceita as situações novas, está no caminho certo para ser flexível. Você tem uma visão bem realista do que significa a maternidade.

ORIENTAÇÃO DOS ANJOS

Ajudem-me a encarar os novos desafios com uma perspectiva saudável para fazer as escolhas certas para o meu bebê. E a me adaptar à mudança e a ser flexível. Se eu for inflexível, meu espírito não progredirá e eu perderei a oportunidade de aprender com as minhas experiências. Haverá muitas opções ao meu dispor; ajudem-me a ver qual é a melhor para o meu bebê e para mim.

Prece aos anjos

Querido Anjo da Flexibilidade, por favor ajude-me a me adaptar às situações que eu enfrento como mãe. Só quero fazer o que for melhor para o meu bebê e sei que o medo, a dúvida e a desconfiança muitas vezes impedem que eu escolha o que lhe beneficiará a longo prazo. Ajude-me a ser flexível, encontrando soluções que facilitarão as minhas tarefas e que atenderão às verdadeiras necessidades do meu bebê. Se existe algo que eu precise saber e que me ajudará a tomar decisões melhores para o bem-estar dele, por favor me ajude a descobrir.

 ## Meditação

Sente-se em silêncio e coloque a mão sobre o coração. Diga a si mesma que você adora e aceita totalmente o seu novo papel de mãe. Peça aos anjos para orientar você a encontrar as melhores soluções para a saúde e o bem-estar do seu bebê. Peça que você consiga ser flexível e crie novas maneiras de cuidar do seu bebê. Você encontrará as respostas de que precisa dentro de você. Faça o seu melhor para deixar de lado conceitos rígidos e obsoletos e adapte-se a novas ideias que a ajudem a ser uma mãe melhor.

ANJOS DA TERRA

Como mãe, pai ou familiar de um recém-nascido, você precisa dar as boas-vindas a essa nova alma, e ajudá-la a se adaptar ao seu novo ambiente e a se sentir segura. Se você é mãe desse bebê, é a maior responsável por cuidar dele, alimentá-lo e zelar pelo seu bem-estar. A mãe, portanto, tem um papel fundamental e imediato na vida do bebê e o compromisso de educá-lo e ajudá-lo a se desenvolver. É ela quem lhe dá amparo e carinho, e sempre que necessário, cuida da sua saúde.

No entanto, todos os outros relacionamentos de amor do bebê o ajudam a se sentir bem-vindo neste mundo. Todos os seus familiares são responsáveis por honrar o papel que lhes foi confiado ou que assumiram. Esses entes queridos também ajudam a mãe a cumprir seu papel, de modo que ela possa cuidar do bebê da melhor maneira possível.

Todos os relacionamentos do bebê são abençoados pelos anjos. Existe um anjo para as mães, para os pais, para as irmãs, para os irmãos, para as avós, para os avôs, para as tias e para os tios. Cada um desses relacionamentos é único e pode trazer a bênção dos anjos quando o bebê está em contato com essa pessoa.

Se você desempenha um dos papéis citados, pode representar um anjo na vida do bebê. Pode ajudá-lo a ver o mundo como um lugar seguro, divertido, interessante, produtivo e criativo e onde reina a sanidade e vale a pena viver. Você estabelecerá os padrões da experiência inicial e primária do bebê neste mundo. Os anjos ligados a este mundo podem dar apoio e auxílio, e ajudar os membros da família a cuidar e amar uns aos outros tanto quanto ao bebê.

Todos os bebês querem uma família feliz e muitas vezes eles vêm em seu auxílio para resolver conflitos que separaram as pessoas. Eles também são anjos da Terra.

A bela pintura de Rafael, Sagrada Família sob um Carvalho, *retrata o amor e a unidade familiares. O relacionamento entre as figuras é íntimo, afetuoso e baseado na confiança. A mãe contempla com adoração o filho que brinca, segurando-o em seu colo enquanto a criança e os pais trocam olhares amorosos. São João Batista olha para o sobrinho com um olhar fraterno.*

PARTE 7

Mãe

"Eu afirmo que sou uma mãe maravilhosa, amorosa e carinhosa, que faz o melhor que pode pelo seu adorado bebê."

Como mãe, você é a fonte da vida para o seu bebê. Você lhe provê abrigo e alimento para ele crescer e ficar forte. É a conexão espiritual pela qual ele pode vivenciar o amor à vida e ao reino espiritual. O modo como você encara a grande tarefa de ser o centro do universo do seu filho pode se tornar um grande despertar espiritual para você. Você é o fio que liga o seu bebê à vida.

Saiba que os seus anjos estão velando por vocês, protegendo e nutrindo você e o seu bebê. Eles amam vocês dois e lhe oferecem orientação e proteção. Permita que eles sejam uma fonte de amor para vocês dois. Os anjos zelam pelo seu bem-estar. Eles oferecem ajuda e curam suas feridas. Invoque-os quando precisar de ajuda. Eles podem segurá-la nos braços nos momentos mais difíceis.

Ser mãe requer força, constância e confiança total em si mesma, na certeza de que é capaz de fazer o que for preciso para proteger o seu bebê e cuidar dele. Como mãe, você descobrirá que os anjos estabelecem um vínculo especial com você, cujo propósito é ajudá-la a cuidar do seu bebê. Saiba no seu coração que você não está sozinha e tudo de que precisa lhe será providenciado. Basta que você se permita receber as bênçãos que os anjos lhe oferecem.

ORIENTAÇÃO DOS ANJOS

Pense no que precisa para desempenhar com mais facilidade as suas tarefas de mãe. Abra a sua mente para a possibilidade de não se sentir sobrecarregada por fazer tudo sozinha. Muitas vezes auxiliares invisíveis que conhecemos como anjos nos concedem as dádivas de que precisamos para que o nosso bem se manifeste. Peça a ajuda deles. Eles a atenderão de boa vontade. Só aguardam o seu chamado.

Prece aos anjos

Querido Anjo de Todas as Mães, vele pelo meu bebê, proteja-o e guie-me para o lugar e a hora certa, de modo que eu possa atender adequadamente a todas as necessidades do meu bebê.
Ajude-me a pedir o que for preciso para tornar o meu papel de mãe mais fácil e me manter firme, forte e saudável, pelo bem de toda a minha família.

 ## *Meditação*

Ser mãe pode ser uma das tarefas mais desafiadoras da vida. Poucas pessoas reconhecem as mães pelo seu trabalho, embora elas não o realizem para receber elogios. Saiba que você está fazendo o seu melhor como mulher e como mãe para cuidar do seu bebê e atender às necessidades dele. Congratule-se pela chance que a vida lhe ofereceu de ser mãe e respeite sua necessidade de ajuda e apoio. Diga a si mesma que você é uma boa mãe.

Pai

"Eu amo o meu bebê. Ofereço-
-lhe todo amor e cuidado de que
sou capaz. Eu estou sempre
presente na vida do meu filho.
Eu estou sempre presente na
vida da minha família."

ORIENTAÇÃO DOS ANJOS

Eu busco ajuda para desempenhar o meu papel de pai e me adaptar às novas circunstâncias da minha família. Mostrem-me como atender às necessidades do meu bebê e como posso cuidar dele e de sua mãe. Ajudem-me a ser útil, auxiliando a desenvolver todo o seu potencial e sendo um bom exemplo de comportamento responsável e maduro. Ajudem-me a ser uma fonte amorosa de força para todos os que precisam de mim e ensinem-me a confiar nos meus instintos. Mostrem-me como garantir o bem-estar do meu filho, estar presente quando ele precisar de mim e ser um bom pai.

Se for um pai inexperiente, você pode estar desnorteado com as mudanças que o bebê causou na sua vida. Ele requer atenção e cuidados, e você não é mais o centro das atenções da sua parceira. Compartilhar as responsabilidades com ela, porém, ajudará você a fortalecer os vínculos com o bebê e a ganhar o respeito da sua família.

Tradicionalmente, o pai era o responsável por acender o fogo que protegia o acampamento e era quem ficava acordado até mais tarde, atento a ruídos estranhos e observando atividades fora do normal, e enfrentava os animais e intrusos. Ele caçava e era a única fonte de sobrevivência da mãe e do bebê. Hoje, contudo, muitas vezes o pai e a mãe dividem as tarefas domésticas e trabalham fora.

Com as mulheres como força de trabalho e ambos os pais responsáveis pelo sustento da casa, a paternidade está passando por uma redefinição. Mas ainda é sua responsabilidade proteger a família e ser o principal provedor, além de poder ajudar em outras tarefas também. A disposição para trocar fraldas, levar o bebê para passear de carrinho ou carregá-lo nas costas com o canguru fará de você um pai muito mais solícito e uma ajuda valiosa para a sua parceira. Alimentar e dar banho no bebê também são tarefas muito agradáveis.

É maravilhoso poder cuidar de uma criança, mas você talvez precise aprender a fazer as coisas que beneficiam a sua família. Invoque o reino angélico para ajudá-lo a ser um pai amoroso e responsável. Se você pedir aos anjos, eles poderão auxiliá-lo na tarefa de proteger o bebê, cumprir seus deveres para assegurar seu bem-estar e ser um pai eficiente e parceiro afetuoso.

Prece aos anjos

Querido Anjo dos Pais, guarde-me enquanto eu zelo pela minha família. Mantenha-me seguro, protegido e capaz quando a paternidade parecer aos meus olhos um desafio. Ajude-me a crescer, amadurecer e me tornar um pai exemplar e aceitar minhas responsabilidades. Ajude que o amor que eu sinto pelo meu filho mantenha-me receptivo às exigências que acompanham a paternidade.

Meditação

Tanto se exige de um pai! Esse não é um papel fácil, e você talvez precise aprender aos poucos a desempenhá-lo. Como pai, você precisa ajudar a cuidar do seu bebê, apoiar a sua parceira e, geralmente, trabalhar fora o dia todo. Se reservar um tempo para se organizar, de modo que tenha tempo para o trabalho, o bebê, sua parceira e você mesmo, você poderá dar conta dessa tarefa sem dificuldade. Fique atento à mudança, seja flexível e abra-se para comunicar suas necessidades, de modo a aprender a lidar com essa nova situação. Fique atento ao que é preciso fazer a cada momento e procure ouvir a sua parceira com compreensão, para ajudá-la no seu novo papel de mãe. Você com certeza conseguirá vencer todos os desafios. Os anjos abençoam você pela sua escolha de ser pai e o ajudarão a ser um pai responsável e cooperativo.

BEBÊS DE ESCORPIÃO

Os bebês de Escorpião têm uma maturidade que vai além da sua idade e uma intensidade que aguça sua inteligência e intuição à medida que crescem. Eles têm uma grande força física e muita vitalidade. Até nos bebês já se pode notar sua constituição robusta e vigorosa.

A natureza interior do Escorpião é muitas vezes passional e intensa, mas ocultada sob uma aparência tranquila e amável. Ele tem dificuldade para lidar com a intensidade dos seus sentimentos e pode ser volúvel caso não tenha alguém que o oriente. Seu filho será extremamente sensível e precisa de privacidade. Ele também vai querer saber sobre os aspectos importantes da vida.

Como pai ou mãe, você vai precisar estabelecer diretrizes e limites bem definidos. O seu filho de Escorpião também requer uma disciplina firme e constante. Você pode ensiná-lo a ter consideração pelos mais fracos do que ele, a ser um bom esportista diante da derrota e a perdoar aqueles que o feriram ou lhe causaram algum mal.

À medida que ajudar a construir o caráter do seu filho, você vai descobrir que ele é muito inteligente e tem uma personalidade magnética. O Escorpião mostra coragem e honestidade, e vale a pena fazer o máximo possível para proteger e nutrir seu espírito. Ele tende a aprender apenas com aqueles mais fortes do que ele e seu filho admirará você pela sua força e capacidade de resistir a ele. Acrescente uma boa dose de amor e ternura ao relacionamento entre vocês, e você conhecerá um amor e lealdade profundos, que não encontrará nos outros signos. Escorpião é o mais leal dos filhos; ele não esquece a bondade com que foi tratado. Nem esquece as mágoas e injustiças, e pode buscar vingança por qualquer mal que lhe fizeram.

Escorpião nasceu sabendo os segredos da vida e é sábio com os mistérios. Quando se

ORIENTAÇÃO DOS ANJOS

Por favor, orientem-me na criação dessa criança, que tem paixões fortes e extrema intensidade. Eu preciso de força para estabelecer limites que o levem a ter uma consciência saudável do que é bom e cura, e do que é ruim e destrói. Peço que nos ajudem a ficar atentos aos caminhos aonde leva a curiosidade dela e quando o proibido a atrai. Eu sei que temos uma linda alma aos nossos cuidados. Por favor, ajudem-nos a fortalecê-la e orientá-la, para que se torne um adulto responsável.

23 de Outubro a 21 de Novembro

propõe a realizar algo, é capaz de vencer todos os obstáculos para conseguir o que quer. Parece capaz de tornar seus desejos realidade graças apenas à sua força de vontade e clareza de pensamento. Como pai, é melhor você guiá-lo para longe do seu fascínio pelo que é proibido ou nocivo. Mantenha-o fisicamente ativo e com a mente ocupada. Ele precisa de oportunidades para gastar sua energia. Ajude-o a canalizar suas paixões e curiosidade para a ciência, a literatura e esportes.

Escorpião pode ser uma criança estranha e fascinante, que tem um destino a cumprir, mas pode precisar passar por muitas experiências antes que isso aconteça. Ofereça o seu amor, a sua constância e o seu apoio, para que ela saiba que não terá que trilhar sozinha os caminhos da vida. Ensine-a a dar e receber amor.

Querido Anjo dos Bebês de Escorpião, *rogo para que meu filho reconheça sua natureza mais elevada e sirva à humanidade com graça, coragem e tenacidade. Ajude essa criança a encontrar afeto e amor, além de limites bem definidos que lhe sirvam de guia e moldem o seu caráter. Ajude-nos, como pais, a amá-lo com firmeza e grande carinho.*

Irmãs

"Eu amo meu irmãozinho de todo o meu coração. Trato com carinho esse novo ser, que amarei e protegerei por toda a minha vida."

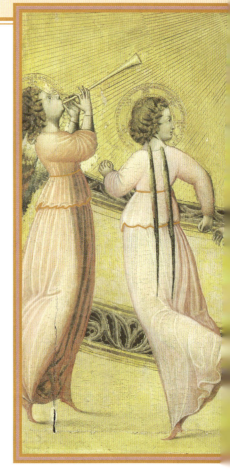

As irmãs são uma dádiva para as mães e os pais. Como irmã, você oferece o seu amor, sua companhia e muitas brincadeiras ao seu novo irmãozinho. Você não fica maravilhada com esse novo ser que chegou à sua vida para ser seu amigo e companheiro pela vida toda? Como uma boa irmã, você vai adorar segurá-lo no colo, alimentá-lo e brincar com ele. É natural que você queira ser como sua mãe e fazer o que ela faz. Um dia você também poderá ser mãe, se quiser, e cuidar de um bebê assim como a sua mãe faz agora.

Ser irmã mais velha implica responsabilidades. O bebê aprenderá a se sentir seguro e amado por você. Ele fica feliz de ter uma amiga tão próxima para amar e com quem brincar.

Como irmã mais velha, você pode às vezes ser uma fonte de força para seu irmãozinho, quando ele estiver aborrecido e você puder acal-

> **ORIENTAÇÃO DOS ANJOS**
> Como irmã maior, eu quero cuidar do meu irmãozinho e orientá-lo à medida que ele cresce. Que eu possa ser uma segunda mãe para ele e ajudar a minha mãe quando ela estiver ocupada. Consigo entender facilmente as necessidades do bebê e cuidar dele assim como ajudar a minha mãe. Ajudem-me a perceber o grande valor que eu tenho para essa criança e a cuidar dela e apoiá-la como um dia eu farei com meu próprio filho, quando for mais velha e quiser ser mãe.

má-lo e ajudá-lo a se tranquilizar. Para o bebê, ter uma irmã mais velha para pavimentar o caminho à sua frente é uma bênção e uma verdadeira dádiva.

Prece aos anjos

Querido Anjo das Irmãs, abençoe-me no meu papel de irmã mais velha. Ajude-me a perceber a dádiva que sou para esse bebê, que ainda está se adaptando à vida na Terra. Como irmã mais velha, quero aprender a amá-lo e a cuidar dele. Sinto-me responsável também pelo bem-estar desse bebê e sei que ele requer amor, atenção e carinho. Ajude-me a deixar de lado a rivalidade pela atenção da minha mãe e a perceber o quanto ela aprecia o fato de ter uma ajudante responsável para ajudá-la a cuidar do bebê. Ser irmã mais velha é um papel importante e peço a sua ajuda para desempenhá-lo bem.

 ## Meditação

Ser irmã mais velha é uma grande responsabilidade para mim. Preciso ser um bom exemplo para o meu irmãozinho e quero amá-lo e cuidar dele da melhor maneira possível. Preciso aprender a dividir meus brinquedos e atividades. Para ajudar, eu preciso aprender a ouvir atentamente a minha mãe e a ser cuidadosa com o bebê. Preciso me lembrar de compartilhar o meu orgulho com o meu pai, quando ele perguntar como eu estou e o que eu fiz ao longo do dia. Se eu for carinhosa com a minha mãe e meu irmão ou irmã, todo mundo verá que irmã maravilhosa eu sou. Sei que sou apreciada pelo meu amor e dedicação.

Irmãos

"Eu compartilho minhas brincadeiras, meu entusiasmo e minha alegria com meu irmão e protejo da melhor maneira possível aqueles que amo."

Como irmão mais velho, você vai ser um grande aliado do seu irmãozinho, ajudando-o a descobrir o mundo. Talvez você não preste muita atenção nele a princípio, porque está ocupado com as suas próprias aventuras e brincadeiras, mas, quando ele crescer e se tornar mais companheiro, você vai começar a gostar da companhia dele e aprenderá a amar esse novo membro da família e agradecer por ele ter vindo ao mundo. Você agirá como um guardião, sempre vigilante, para protegê-lo, orientá-lo e brincar com ele.

Ser irmão mais velho significa ter responsabilidades semelhantes a um pai, só que em escala menor. Como irmão, você pode aprender a vigiar o bebê, assegurando-se de que ele esteja seguro, tudo esteja em ordem e ele não esteja correndo nenhum perigo. À medida que o tempo passa, porém, o seu irmão começará a lhe fazer mais companhia e será importante ensiná-lo a brincar, a compartilhar e a ter cuidado para evitar acidentes em casa ou na rua.

Seus pais lhe pedirão para olhar o bebê, de modo que nada lhe aconteça. Você terá uma grande responsabilidade, se quiser, e saberá que eles reconhecerão o quanto você está se esforçando para ajudá-los.

ORIENTAÇÃO DOS ANJOS

Agora que eu tenho um irmão mais novo, preciso de ajuda para ser mais responsável e maduro, e para ser capaz de atender às necessidades dele. Por favor, ajudem-me a ficar atento a ele e a ajudar meus pais quando eles me pedirem algo. Ajudem-me a entender e saber que sou amado também e que o bebê é um acréscimo à minha vida, não uma ameaça.

92

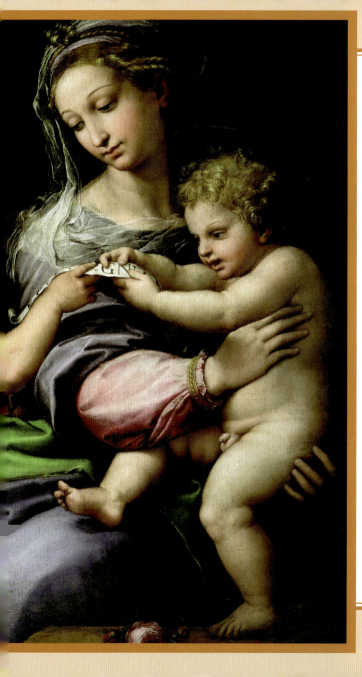

༺ Prece aos anjos ༻

Querido Anjo dos Irmãos, ajude-me a ver a bênção que é ser um irmão mais velho para este bebê. Ajude-me a ser gentil, carinhoso e atencioso. Sei que posso ser útil e responsável se eu tentar. Quero que este bebê se torne meu amigo e olhe para mim com afeição e orgulho por toda a vida. Quero ser um bom irmão para ele e ajudá-lo a se sentir seguro neste mundo e feliz.

 ## Meditação

Por ser irmão mais velho, eu preciso prestar atenção no meu irmãozinho. Posso ajudar minha mãe, fazendo o que ela me pede e ajudando meu pai a cuidar dele e brincar com ele quando precisar de uma companhia. Posso ver que este bebê dorme tranquilo e não representa para mim uma ameaça. Eu sei que sou tão importante para os meus pais quanto ele. Os bebês simplesmente precisam de mais atenção nos primeiros meses, assim como um dia eu também precisei. Estou tentando aceitar esse fato e me sentir bem com ele.

Avós

"Eu oferecerei o meu amor e o meu carinho a esta criança ao longo de toda a minha vida. Sinto amor, alegria e orgulho pelos meus filhos e pelos meus netos; eles são uma bênção na minha vida."

Não há nada mais doce na vida do que o amor de uma avó pelos netos. A avó não tem as mesmas obrigações que os pais, com suas tarefas e vigilância constante, por isso ela pode se deliciar com o novo bebê. Você pode escolher quando e como participar da vida dele e pode compartilhar o seu orgulho de avó com toda a família e amigos. Ser avó é uma constante celebração.

Você pode curtir a maravilha que é ter um neto e vivenciar essa ligação especial que o amor das avós cria na vida dos netos. Você pode ser sua guardiã e guia, e abrir as portas do mundo para o seu neto.

Como avó, você pode transmitir a sua sabedoria, o seu senso de humor e a sua verdade sendo um exemplo de felicidade, saúde, bem-estar e alegria. Pode ser uma fada disfarçada de avó e fazer o melhor por essa criança e pela sua família. As avós ajudam os anjos em seus afazeres.

ORIENTAÇÃO DOS ANJOS

Ajudem-me a ser uma participante ativa na vida deste bebê e a ajudá-lo a crescer forte e saudável. Tenho uma sabedoria e experiência que gostaria de compartilhar com ele de uma maneira amável e não invasiva, para ajudá-lo no seu desenvolvimento. Também quero dar meu apoio à minha filha ou nora em suas tarefas e ajudá-la a descobrir que cuidar de um bebê pode ser algo simples e prazeroso. Não quero tornar as coisas mais difíceis para ela. Quero que a minha família saiba que eu os amo e me preocupo com o seu bem-estar.

Prece aos anjos

*Querido Anjo das Avós, obrigada por me dar
a oportunidade de ver meu filho se tornar
pai ou minha filha se tornar mãe.
Peço que a minha sabedoria e o meu amor
cheguem ao coração do meu neto.
Eu sei que os pontos fortes e alegrias da
minha vida são parte da herança deste
bebê e influenciarão a vida dele de
maneiras desconhecidas e misteriosas.
Ajude-me a ser uma boa avó, cheia de
amor e gratidão pela oportunidade
de ajudar.*

 ## *Meditação*

*Agradeço a sorte de poder vivenciar a
experiência maravilhosa de ser avó. Sei que
o meu papel é ser um guia, uma amiga e
um apoio para os meus filhos, enquanto
eles criam essa criança. Eu não quero
interferir, mas quero que saibam que eu os
amo e me preocupo com eles. Quero refletir
sobre as maneiras pelas quais posso
ser útil e como posso participar com
alegria da vida da minha família.*

Avôs

"Eu ofereço a minha sábia orientação e a minha rica experiência de vida para ajudar meu neto a encontrar seu caminho na vida. Sinto-me orgulhoso e honrado por ser avô."

ORIENTAÇÃO DOS ANJOS

Peço ajuda para participar da vida do meu neto. Tenho muito a ensiná-lo para que ele encontre o seu caminho para a verdade, permaneça saudável e descubra coisas maravilhosas e empolgantes neste mundo. Ajudem-me a sentir que eu tenho algo de valioso com que contribuir para a vida dos meus descendentes. Ajudem-me a me sentir à vontade e seguro em mim mesmo, para que possa respeitar os limites dessa criança e saber ser um bom exemplo para ela. Quero oferecer sabedoria e verdade para essa nova geração.

Abençoados são os avós que celebram o nascimento dos seus netos. Como avô, você tem um papel pequeno e passivo a desempenhar no início da vida do seu neto, mas, com o tempo, você pode ser seu guia e fonte de conhecimento, sabedoria e até aventuras.

Ensinar essa criança a pescar, mostrar a ela como construir coisas à maneira antiga ou contar histórias que deixem uma marca indelével na sua alma, porque trazem uma mensagem – essas são coisas que você pode fazer como avô; você é capaz de dar conselhos práticos e ser um mensageiro da verdade e de sabedoria espiritual.

Abençoados são os homens que respondem às crianças com conhecimento e sabedoria. Não é preciso muito para incluir uma criança numa conversa, ouvir quais são suas esperanças e sonhos ou descobrir o que a encanta ou assusta. Ser avô é ter uma oportunidade para demonstrar ternura, bondade e preocupação com esse serzinho que ainda precisa aprender as diretrizes morais da vida.

Prece aos anjos

Querido Anjo dos Avôs, peço as suas bênçãos enquanto desempenho o papel de avô. Ajude-me a ser professor, guia e orientador dessa nova geração e a oferecer proteção para os mais novos. Posso ajudar essa criança a aceitar sua vulnerabilidade e a aceitar suas limitações. Quero oferecer meu amor incondicional a essa alma jovem e ajudá-la a se sentir amada e aceita.

Meditação

Sei que eu posso ser um avô maravilhoso. À medida que eu reflito sobre maneiras de apoiar meu neto na vida, vejo que através do meu exemplo de integridade e bondade posso causar uma poderosa influência sobre essa criança. Posso passar algum tempo com ela e ensinar coisas que possam ajudá-la na vida. Tenho uma paciência e aceitação que os pais podem estar ocupados demais para demonstrar. Por exemplo, posso me sentar com ela durante muito tempo e contar histórias ou demonstrar a execução de tarefas simples que incentivem a sua criatividade e produtividade. É uma verdadeira bênção poder dividir o que eu sei sobre a vida com essa criança.

BEBÊS DE SAGITÁRIO

Os sagitarianos são valentes, otimistas, confiantes, curiosos, e buscam aventuras com uma inteligência investigativa. Eles em geral têm poucos medos, amor pela velocidade e podem encarar com pouco caso as regras de comportamento convencionais e flertar com o perigo. Tendem a questionar a autoridade, por isso você precisa ficar atento ao seu filho de Sagitário e estabelecer limites. É melhor ser claro e respeitoso quando estabelecer regras, para que ele não fique tentado a desafiar a sua autoridade.

Sagitário adora esportes e atividades ao ar livre, além de viajar e quebrar a rotina com novas aventuras. O amor do seu filho pela aventura começa muito cedo na vida dele.

Os sagitarianos querem ver as pessoas felizes e o seu filho vai fazer tudo para alegrá-lo se você estiver deprimido. Eles são extrovertidos por natureza, inteligentes, felizes e amantes da diversão. Também são amorosos, agradáveis e idealistas inteligentes. Um dos seus pontos fortes é a crença inabalável de que amanhã será melhor do que hoje.

Eles têm uma natureza alegre que os ajuda a fazer amigos e trocar ideias. Eles têm e são amigos maravilhosos. Possuem uma mente sagaz e são estudantes dedicados. Amam a natureza, especialmente os animais, e muitas vezes aderem a causas a favor dos desfavorecidos. Também são voluntários em movimentos para melhorar a qualidade de vida dos menos afortunados. São generosos com seu tempo e com seus esforços.

Fortes, atléticos e robustos, às vezes são meio desajeitados e têm tendência a tropeçar e cair com facilidade. Quando estão doentes, recuperam-se rápido. Não passam muito tempo de cama e logo estão de pé, saindo na rua e buscando novas aventuras.

O lado negativo de Sagitário é seu gênio, que se inflama com facilidade, e o leva a não resistir a uma briga ou confronto. As crianças

ORIENTAÇÃO DOS ANJOS

Ajudem-me a orientar a curiosidade e inteligência do meu filho com sabedoria, para que seus talentos não sejam cerceados e suas deficiências não interfiram no seu destino. Ajudem meu filho a descobrir a beleza e o encanto da vida das mais variadas maneiras. Que o meu amado bebê esteja sempre seguro, livre de acidentes e protegido pelas suas asas amorosas. Ajudem-no a controlar o seu temperamento e a encontrar um modo de expressar sua capacidade de fazer o bem e transformar e curar o mundo à sua volta.

22 de Novembro a 21 de Dezembro

de Sagitário não têm malícia, mas têm temperamento forte e muitas vezes fazem afirmações veementes e chocantes com total inocência. Elas sempre têm boas intenções, porém, mesmo quando não são compreendidas, pois são até certo ponto ingênuas.

Esteja preparada para enfrentar uma criança curiosa, investigativa, desafiadora e amante da verdade. Se você for justa ao criar um sistema de segurança para proteger o seu filho, ele respeitará os seus valores. Se for muito severa, pode ter certeza de que será desafiada. O sagitariano é capaz de farejar no ar desonestidade e falsos pretextos, e questionará as regras. Como mãe, ofereça ao seu filho sabedoria e amor pela verdade e ajude-o a cultivar um senso de economia em tudo o que faz.

Querido Anjo dos Bebês de Sagitário, rogo para que o meu filho esteja sempre protegido e, ao mesmo tempo, livre para explorar o mundo natural e espiritual, e vivenciar a maravilha que é a vida. Ajude-me a lhe inspirar senso de justiça, honestidade e amor no coração. Eu peço que o meu bebê se sinta envolvido no amor que lhe devotamos em casa e cresça para honrar nossa família, respeitando seus pais e suas raízes.

Tias

"Eu apoio minha família, zelando por este novo bebê, ajudando no que posso e sendo uma parte importante da vida dessa criança."

Abençoadas as mulheres que exercem o papel de tias de um bebê. Você oferece o melhor do seu conhecimento e sabedoria para ajudar a jovem mãe a enfrentar os desafios da maternidade. Embora você, como tia, não possa demonstrar o mesmo nível de intimidade que as avós, tem uma idade próxima à da mãe e pode oferecer sua companhia tanto para ela quanto para o bebê. Você pode servir de babá, ajudar nas tarefas da casa e apoiar a mãe em várias outras coisas práticas.

À medida que o bebê cresce, você pode oferecer a sua própria casa para ele brincar, sua companhia e amizade. Seja você parente sanguínea ou por afinidade, você pode apoiar essa criança ao longo da vida, especialmente em cada iniciação pela qual ela passar em seu desenvolvimento.

As tias podem ser boas amigas, companheiras para a vida toda e defensoras carinhosas quando a criança precisar de uma aliada ou alguém para ficar ao seu lado. Os anjos abençoam as mulheres que assumem esse papel com alegria e felicidade, e que adoram oferecer o melhor delas mesmas para sua família.

ORIENTAÇÃO DOS ANJOS

Ajudem-me a participar da vida deste bebê, orientando-o, fazendo-lhe companhia e exercendo o papel de mãe quando ela precisar se ausentar. Sei que me guiarão para que eu saiba o que dizer quando necessário e compartilhar com essa criança o meu amor. Peço orientação para saber estabelecer limites apropriados com essa família e quando abrir meus braços e compartilhar meu amor plenamente.

Prece aos anjos

Querido Anjo das Tias, obrigada pela amizade profunda que eu tenho com a minha irmã. Seja ela um parente de sangue, minha cunhada ou simplesmente uma amiga, eu adoro o papel que ela me ofereceu. Ajude-me a compartilhar o meu amor, a minha amizade, a minha presença constante e aventuras deliciosas com o meu sobrinho ou sobrinha, de maneiras que ajudem toda a família. Quero que ela saiba que pode contar comigo. Nós trilharemos juntas esse caminho da maternidade. Estaremos lado a lado nos altos e baixos da vida, pois estamos ligadas pelo amor que une as nossas famílias.

 ## *Meditação*

Quando eu reflito sobre o meu papel de tia, vejo quantas oportunidades existem para servir. Quero estar atenta ao que é necessário para ajudar a cuidar deste bebê e mostrar minha amizade à minha irmã ou cunhada. Ajude-me a ser uma parte valiosa e estimada da vida desta criança pelos anos que virão. Sei que quero celebrar com ela os aniversários e as ocasiões especiais, e estar presente sempre que for preciso.

Tios

"Eu ofereço a minha orientação e entusiasmo para ajudar esta criança a encontrar seu caminho na vida."

ORIENTAÇÃO DOS ANJOS

Ajudem-me a ser um tio amável e bondoso para este novo bebê. Eu gostaria de aprender como apoiá-lo em seu crescimento e ser útil aos pais dele quando precisarem de mim. Ajudem-me a demonstrar bondade, amor e sabedoria ao me relacionar com essa criança, à medida que ela cresce e amadurece. Quero honrar minha família e ajudar no que for necessário.

Ser tio lhe dá a oportunidade de compartilhar a sua sabedoria e conhecimento com o seu sobrinho ou sobrinha. Você pode apoiar a sua família mostrando interesse por essa nova criança e ajudando quando notar que os pais dela estão sobrecarregados com as novas responsabilidades. Talvez você queira refletir sobre como pode participar do desenvolvimento dessa criança, para que ela seja o mais saudável possível.

Ser tio permite que você compartilhe das alegrias da sua família. Você tem a possibilidade de receber o amor e respeito dos filhos dos

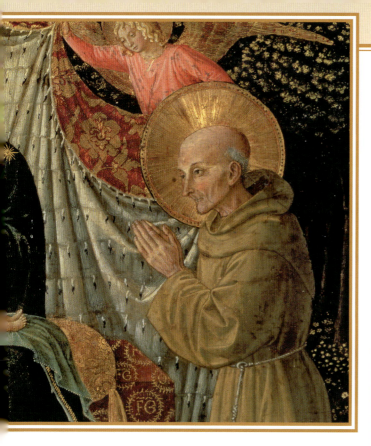

Prece aos anjos

Querido Anjo dos Tios, eu celebro o relacionamento que tenho com esse novo bebê. Ajude-me a protegê-lo e influenciá-lo, de modo que ele desenvolva uma visão saudável e verdadeira da vida. Ajude-me a ser uma presença forte e amorosa na vida dessa criança, e que seus pais saibam que podem contar comigo quando precisarem de ajuda.

 ### Meditação

Eu opto por participar da vida desta criança no papel de tio amoroso e atencioso. Gostaria de ser uma pessoa próxima, presente e acessível a ela e usufruir muitas vezes da sua companhia. Sei que tenho uma grande capacidade de amar as crianças e compartilhar com elas as minhas experiências. Posso ensiná-las, orientá-las e apoiá-las, na condição de tio abençoado.

seus irmãos. Pode demonstrar o seu amor compartilhando os cuidados e a educação desse bebê ao longo da sua infância e idade adulta.

Essa criança um dia terá curiosidade para saber como foi a sua infância junto aos pais dela e as experiências pelas quais passaram na vida. Você é um repositório das lembranças de família e pode influenciar a visão de mundo dessa criança. Usufrua o seu papel de tio. É uma bênção poder orientar e proteger uma nova vida!

Padrinhos

"Eu honro a responsabilidade de ser um guardião espiritual desta criança. Aceito essa tarefa e cumpro com o meu dever."

ORIENTAÇÃO DOS ANJOS

Como padrinho ou madrinha você tem a responsabilidade de ajudar a cuidar dessa jovem alma. Você zelará pelo seu bem-estar espiritual em alguns casos, pelo seu bem-estar físico também, caso algo aconteça com a sua família. Trata-se de uma tarefa importante, que requer a sua disposição para estar presente quando necessário. Você pode buscar a orientação dos anjos por meio da oração e da meditação, caso sinta dificuldade para tomar uma decisão com relação ao seu afilhado. Saiba que cada vez que oferecer uma prece a essa criança, ela será elevada até o reino espiritual e os anjos levarão em consideração o seu pedido.

Os padrinhos são designados protetores espirituais do bebê. Esse é um papel a ser desempenhado com muita seriedade e assumido tanto numa igreja quanto pela família, como uma responsabilidade solene que dura por toda a vida.

Os padrinhos conferem leveza e disposição prévia à tarefa de orientar a criança em seus ritos de passagem e iniciações ao longo da vida. Trata-se de um compromisso conhecido desde tempos muito antigos, em que tios, tias ou amigos próximos da família assumiam a responsabilidade de proteger a criança caso houvesse alguma impossibilidade com relação aos pais ou estes viessem a falecer. E todos assumiam esse compromisso com seriedade.

Os padrinhos são um lembrete de quanto o desenvolvimento espiritual é importante e crucial para o desenvolvimento pleno da criança. É um compromisso que vai muito além de presentes e cartões de Natal e aniversário. O verdadeiro padrinho sabe o que é importante na vida diária do seu afilhado e o que pode fazer para beneficiá-lo ao longo da vida. Um bom padrinho acompanha as mudanças físicas da criança, tem uma opinião acerca das decisões relacionadas à vida dela e ajuda a sua família no que for possível.

Os anjos sempre velam pelos padrinhos, auxiliando-os a tomar decisões, dando o seu apoio em casos de doença e participando de qualquer discussão com relação ao bem-estar do seu afilhado. Os anjos sabem ouvir as preces dos padrinhos quando eles rezam pelos seus afilhados. Eles também ajudam toda criança a saber que ela pode contar com a proteção e intercessão dos seus padrinhos no plano terreno.

Prece aos anjos
....

Querido Anjo dos Padrinhos, obrigada pelo privilégio de ter sido escolhido para zelar pelo bem-estar espiritual e físico desta criança. Assumirei esse compromisso com seriedade e prometo fazer o que me for solicitado ao longo da vida. Eu serei cuidadoso ao considerar o que é melhor para o meu afilhado e peço a sua ajuda para tomar sempre decisões sábias e saudáveis, que o beneficiem em seu destino e em seus interesses mais sinceros.

 ## *Meditação*

Quando considerar o que lhe pedem no seu papel de padrinho ou madrinha, reflita sobre a sua própria vida e sobre as pessoas que foram seus padrinhos ou fiéis guardiões do seu bem-estar. Como elas orientaram você para que fosse uma pessoa plena, um ser espiritual e um adulto responsável? Você talvez queira refletir sobre o que se espera de você agora, quando assumiu o papel de guardião espiritual dessa criança.

BEBÊS DE CAPRICÓRNIO

O bebê de Capricórnio é calmo e persistente em suas ações. Se você colocar um brinquedo diante dele, mas fora do seu alcance, ele tentará alcançá-lo e você pode se surpreender ao ver como ele faz isso com facilidade, sem se sentir contrariado ou frustrado. Essa pequena alma determinada tem uma grande tenacidade na vida.

> **ORIENTAÇÃO DOS ANJOS**
> Eu gostaria de assegurar que o meu bebê encontre amor e calor humano em sua família e entre os amigos. Mostrem-me maneiras de incentivar o meu bebê a se sentir parte da família e da sua comunidade, e de ajudá-lo a ser amado por todos. Eu gostaria de aliviar qualquer sentimento de separação que mantenha meu bebê isolado. Eu sei que ele terá sua própria vida e eu gostaria de adicionar calor humano, amor e alegria aos momentos decisivos, que ajudarão a nortear a vida dele. Deem-me força para lidar com o temperamento voluntarioso do meu bebê e para ser uma força orientadora na vida dele. Mostrem-me como ajudar meu bebê a ter confiança em suas capacidades e como facilitar seu caminho na vida, para que ele não sofra muitas decepções.

Os capricornianos, como a cabra que simboliza seu signo, têm os dois pés no chão e pernas vigorosas. Também têm mãos habilidosas e adoram fazer coisas práticas. Podem parecer indefesos, mas são, por natureza, muito resistentes e cabeçudos. Eles persistem até atingir os seus objetivos. Podem suportar dificuldades, insultos e profundas decepções sem perder a calma. Mesmo quando crianças, já demonstram a capacidade de perseguir seus objetivos. Aprendem a lidar com os deveres e responsabilidades e podem enfrentar a frustração muito melhor do que qualquer outro signo.

Eles são conhecidos pela maneira constante e resoluta com que seguem seu caminho ascendente e pelo grande respeito pela autoridade e tradição. Quando crianças, são muito bons alunos – concentrados, disciplinados e confiáveis. Na idade adulta, são bons líderes e têm grandes ambições materiais. Anseiam pelo sucesso. Raramente andam sem firmeza, e na infância aprendem cedo a trocar os primeiros passos e a não olhar para trás.

Os capricornianos têm uma natureza sóbria e solitária, com poucas e profundas amizades. Podem parecer melancólicos e mais fracos do que os outros bebês, mas rapidamente ganham força e resistência, e têm uma grande capacidade de sobrevivência e resistência ao sofrimento. Podem ser pessimistas e cheios de medos e incertezas. Mas os pais po-

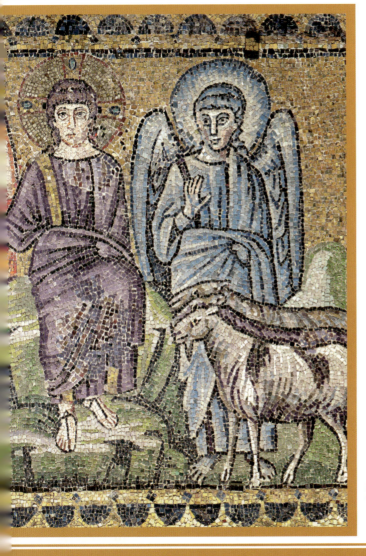

22 de Dezembro a 20 de Janeiro

dem ajudá-los a superar suas preocupações. Como pai ou mãe, você quer incentivar o seu filho a ser confiante e se aventurar pelo mundo.

O capricorniano amadurece cedo e é capaz de comunicar suas necessidades sem ficar irritado ou ter acessos de raiva. O seu filho saberá como transmitir sua mensagem e esperará para ver a sua resposta. Ele será paciente e esperará o momento certo para ter o que quer. A criança capricorniana pode vencer você pelo cansaço.

O seu bebê se dará bem com a rotina e o ritmo no dia a dia. Ele adora ordem e manterá cada brinquedo em seu devido lugar, mostrando contrariedade quando alguém os tira de onde ele os deixou.

Querido Anjo dos Bebês de Capricórnio, *rogo para que o meu bebê possa se tornar um adulto responsável, capaz de ser caloroso, confiável e bondoso. Ajude-o a aparar suas arestas na vida e lhe dê fervor e entusiasmo quando ele estiver passando por alguma dificuldade ou provação. Eu gostaria de lhe oferecer o meu amor, para fortalecer a sua alma terna e querida à medida que ele cresce e amadurece, tornando-se uma pessoa cheia de compaixão e amor, assim como um líder capaz.*

OS ANJOS E OS BEBÊS

Sempre que um bebê chega ao mundo – seja ele menino ou menina, filho único ou não, prematuro, doente ou com atraso em seu desenvolvimento psicomotor – ou, lamentavelmente, tem um tempo limitado de vida, anjos velam por ele. Evidentemente, você deve agradecer a eles por terem protegido você na hora do parto, garantindo que tudo corresse bem, mas é particularmente importante recorrer a eles quando você está diante de uma dificuldade ou situação desafiadora, como uma doença, deficiência ou morte.

Se você não tinha o hábito de cultivar sua espiritualidade antes, esta pode ser a hora certa para começar a fazer isso. É muito difícil ver um bebê sofrer ou nascer com um atraso em seu desenvolvimento psicomotor sem ter uma compreensão espiritual. E ela é ainda mais importante se o seu bebê não sobreviver. Nada é mais doloroso do que perder um filho. Você mergulha num oceano de dor que parece não ter fim e precisa de muita força e coragem para voltar à superfície. Se você é capaz de entender essa perda graças às suas crenças espirituais, você está em vantagem com relação a outras pessoas que não contam com o mesmo conforto espiritual.

Como pai ou a mãe de uma criança com necessidades especiais ou que tenha falecido, você é abençoado pelo amor dos anjos. Eles lhe darão a sustentação de que precisa para enfrentar essa prova e, por fim, a paz que lhe dá condições de seguir em frente.

Os anjos nos abençoam o tempo todo e, por mais dolorosos que pareçam os seus desafios, você vai conseguir superá-los e ter uma vida melhor daqui para a frente.

Nesta pintura de Rafael, Madona com o Diadema Azul, *Maria levanta o véu que protege o seu bebê adormecido, enquanto envolve num abraço protetor o jovem São João Batista, primo de Jesus. Maria contempla com ternura seu filho pequeno – como qualquer mãe contempla seu filho recém-nascido. O azul é a cor muitas vezes associada a Maria e simboliza a graça celestial.*

PARTE

8

Meninas

*"Eu amo a minha nenezinha.
Aceito o seu espírito feminino,
que tem um lugar especial
no meu coração."*

ORIENTAÇÃO DOS ANJOS

Peço a orientação dos anjos para que me ajudem a ser uma mãe forte e de pensamento independente, que possa criar a minha filha para que ela própria se transforme em mulher. Quero poder mostrar a ela todas as opções que tem à sua disposição, de modo que possa cumprir o seu destino. Ajudem-na a saber quem ela é e o que ela quer na vida. Se ela escolher uma carreira, ajudem-na a ter força de vontade para vencer os desafios e provas que acompanharão a sua escolha. Sempre que ela quiser fazer ou ser algo na vida, ajudem-na a encontrar boas oportunidades. Que ela seja orientada e influenciada por pessoas boas, que entendam os aspectos espirituais da vida e que não estejam interessadas apenas no mundo material.

É um privilégio dar à luz uma menina. A doçura e ternura dos bebês do sexo feminino podem derreter o coração mais empedernido e abrir um canal para que ocorra uma cura profunda. As meninas que vêm ao mundo nos dias de hoje carregam a promessa e a esperança de um futuro melhor e mais iluminado, assim como as esperanças das futuras gerações. As meninas não só têm a chance de expressar sua inteligência e maestria na maioria dos campos do conhecimento, como também são capazes de trazer novas vidas a este mundo. Se você é mãe de uma menina, dê graças por ela ter nascido numa época histórica em que as mulheres podem se tornar qualquer coisa que quiserem. Elas podem estudar em universidades, construir carreira em qualquer profissão e fazer parte do mundo corporativo ou das ciências. Não há nada que não possam atingir se tiverem força de vontade.

As mulheres têm livre acesso ao mundo dos homens e, ao mesmo tempo, são suaves, complacentes e amorosas como amantes, parceiras ou esposas. Essas opções estão todas ao alcance delas e, com a sua ajuda, sua filha saberá que caminho escolher na vida.

Anjo das Meninas, abençoe este lindo bebê e permita que ela cresça e atinja todo o seu potencial como mulher. Permita que ela supere os obstáculos, vença todos os desafios e encontre sua força e valor neste mundo. Mostre-lhe que ela pode desenvolver sua força de caráter, fazer o bem e ajudar outras pessoas. Que ela entenda que, como filha do universo, seu caminho só aguarda sua disposição para trilhá-lo. Proteja-a de todo mal, dê a ela visão da sua natureza verdadeira e ajude-a a se tornar a melhor pessoa que ela pode ser. Ela é uma dádiva para o mundo.

Prece aos anjos

Querido Anjo das Meninas, peço que a minha filha seja feliz, expresse a sua verdadeira natureza de maneira segura e valorosa e contribua com o bem-estar e a cura deste mundo em que ela vive. Peço para que a ajude a encontrar no seu caminho pessoas boas que a ajudem a transformar seus sonhos em realidade. Sei que, como mãe, é minha missão ajudar a desenvolver seu caráter, descobrir quem ela é e saber que pode conquistar tudo o que almejar em seu coração.

 ## *Meditação*

Reflita sobre a sua infância e os sonhos que você tinha quando criança. Você queria ser professora ou médica? Artista ou cientista? Quais as aspirações que você compartilhava com a sua família? Você tinha limitações que dificultavam a realização dos seus sonhos? Você vai deixar que alguém impeça a sua filha de realizar seus sonhos dizendo a ela que não pode ou não deve fazer o que quer? Como você pode ajudá-la a alcançar seus objetivos e saber que ela é livre para fazer o que quiser da sua vida? Anote por escrito as respostas que receber do Espírito para que um dia a sua filha possa saber que você abriu um canal para que a vida dela transcorresse com mais facilidade e menos esforço, por meio dos seus pensamentos e reflexões. Ela a amará ainda mais por isso.

Meninos

"Eu amo meu filho. Ele é o meu orgulho e a minha alegria."

As qualidades do sexo masculino que o seu bebê terá são aquelas que prevalecem no mundo dos homens há milênios. As mudanças que se veem agora no horizonte lhe oferecem a oportunidade de desenvolver aspectos emocionais e espirituais novos e inéditos na história da humanidade até recentemente.

Antes, os meninos tornavam-se homens depois de várias iniciações que os fortaleciam, tornavam-nos mais corajosos e destemidos, e conferiam-lhes mais vigor físico. Hoje, à medida que evoluímos rumo a uma dimensão mais espiritual, começamos a dar mais importância aos valores morais que definem um homem, como a integridade, a capacidade de expressar e compartilhar emoções e o cultivo de um senso de valor que lhe permita ser suave, carinhoso e espiritual. Isso é novidade.

Na realidade, os homens estão começando a trocar de papéis com o sexo oposto. As mulheres, que por tradição eram mais ligadas aos reinos espirituais e excluídas da busca por poder, agora vivem no mundo lá fora. Os homens, que antes cultivavam a coragem exterior, agora estão transformando sua fachada exterior endurecida e exibindo um conteúdo emocional mais maleável, que o ajuda a sentir emoções e buscar planos espirituais mais elevados.

Esperávamos essa evolução há muito tempo. Ela não está apenas redefinindo os sexos, mas está transformando o mundo em que nascem os novos bebês. Agora já não existem mais expectativas rígidas com relação aos papéis de cada sexo. Os anjos não têm preferência e amam meninos e meninas igualmente. Oferecem mais sensibilidade aos rapazes, para que vejam sua natureza e força interior, e mais coragem às meninas, para que elas possam superar medos e limitações.

ORIENTAÇÃO DOS ANJOS

Peço ajuda para o meu filho enquanto ele se abre para o mundo das descobertas e aventuras. Esse mundo, um dia definido como material, físico, é agora um vasto reino interior de sutilezas, que abrange uma nova tela de impressões. Ajudem meu filho a saber quem ele é, o que ele quer e como vai alcançar, com a orientação apropriada, o que o seu coração deseja.

Prece aos anjos

Querido Anjo dos Meninos, ajude meu filho a saber seu valor e a descobrir as profundezas do seu espírito, assim como descobrir os talentos e dons que nortearão a sua vida neste mundo. Ajude-o a desenvolver força de caráter assim como força física, ternura e vulnerabilidade. Ajude-o a pensar com clareza e lógica, e a expressar os seus sentimentos de maneira cuidadosa e gentil a qualquer pessoa que cruzar o seu caminho.

Meditação

Há milhares de anos, o mundo tem sido regido pela mente masculina. As coisas estão mudando agora e homens e mulheres estão adquirindo iguais condições. Quero que o meu filho seja capaz de se adaptar a essa nova realidade e não insulte nem menospreze as mulheres da sua vida. Ele será muito infeliz se não puder aceitar em sua vida as mulheres como iguais, como suas mestras e parceiras. Eu posso ajudá-lo a se adaptar a essa mudança sendo um bom exemplo para ele. Não deixarei que as mulheres da vida dele (ou da minha) sejam menosprezadas ou diminuídas; eu não deixarei que ele cresça achando que isso é aceitável. Eu incentivarei todas as mulheres a serem independentes, de modo que ele conheça mulheres fortes e independentes e queira uma em sua vida. Meu parceiro e eu podemos criar uma atmosfera propícia para que o nosso filho desenvolva opiniões saudáveis com relação à vida, ao sexo oposto e seu lugar neste mundo. Nós afirmaremos um ao outro e faremos nosso filho saber que ele pode conseguir tudo o que quer e ser feliz.

Gêmeos e Múltiplos

*"Cada criança é única
e tem direito à sua expressão
individual."*

Gêmeos e múltiplos são fascinantes. Embora compartilhem o mesmo útero por nove meses, podem ser muito diferentes – mesmo que tenham aparência idêntica. Quando cada bebê é considerado um indivíduo, com o seu próprio direito à vida e suas formas particulares de autoexpressão, ele cresce forte e saudável.

Os bebês que chegam ao mundo em pares ou com vários irmãos podem perder muito facilmente a sua noção de identidade. Quando cada criança vivencia o seu eu individual e é estimulado a cultivar suas próprias vontades e desejos, os pais podem ter mais trabalho durante a infância, mas ficarão orgulhosos dos esforços que cada criança fará a seu próprio favor.

Os bebês, tenham ou não irmãos gêmeos, são almas separadas. Eles têm parentesco com seus irmãos e irmãs, mas são únicos e devem ser tratados dessa maneira. A rivalidade pode ser uma maneira de expressar essa individualidade, mas, por outro lado, pode ocorrer um isolamento pouco natural e de difícil resolução.

Os pais podem trabalhar juntos para apoiar os esforços de cada criança para ser uma pessoa com ideias próprias. Se você observar cada um dos seus filhos separadamente, verá o que é próprio e exclusivo de cada um deles. Haverá certas características definidas que mostrarão, muito precocemente na vida, marcas peculiares que os acompanharão por toda a vida. Reserve algum tempo para entender cada criança e conhecer suas esperanças, medos, desejos e marcas pessoais.

Os anjos nos ajudam a desenvolver nossa bondade e consciência ao longo do nosso caminho evolucionário. Eles nos ajudam a curar as feridas do passado e a nossa crença em nós mesmos, como pessoas capazes de cumprir o nosso destino. Eles sabem que estamos aqui para ajudar a melhorar este mundo. O nascimento de gêmeos e múltiplos é uma maneira de trazer para este planeta bondade e consciência multiplicadamente!

ORIENTAÇÃO DOS ANJOS

Ajudem-me a ajudar cada um dos meus bebês a expressar sua própria identidade claramente e de um jeito que nos permita saber quem ele é. Ajudem-me a criar um vínculo de amor entre os meus filhos e, ao mesmo tempo, ajudem-nos a trilhar seu próprio caminho individual. Se houver uma maneira de um ajudar ou apoiar o outro, por favor me mostrem. Ajudem meus bebês a saber que eles são amados por quem eles são.

Prece aos anjos

Querido Anjo dos Gêmeos e dos Múltiplos, obrigada pela bênção que é ser mãe desses bebês. Eles representam amor em dobro, diversão em dobro e desafios em dobro. Mostre-nos como podemos ser bons pais, bons orientadores e mestres, para que eles possam cultivar personalidades fortes e individuais e sejam capazes de fazer suas próprias escolhas, com força de vontade para trilhar seu caminho de maneira positiva.

Meditação

Tenha consciência de que cada criança tem seus próprios talentos, dons e personalidade. Esses bebês só são parecidos na aparência; cada um deles tem o seu próprio destino a seguir na vida. Como você vai ajudar os seus bebês a perceber que dependem da sua capacidade de ver cada um deles pelo que são? Você consegue passar algum tempo sozinha com cada criança à medida que elas crescem e a descobrir suas características próprias? Você está disposta a apoiar cada criança para que ela expresse seus desejos, vontades e esperanças e sinta que pode ter uma vida feliz e responsável?
É sua a escolha de ver os seus bebês como indivíduos e incentivá-los a mostrar sua personalidade para que sejam reconhecidos pelo que são.

BEBÊS DE AQUÁRIO

Os bebês aquarianos chegam do reino do espírito para ajudar a construir um futuro melhor para a humanidade. Eles têm qualidades únicas que transmitem uma perspectiva mais ampla, com pouco ou nenhum preconceito. Eles têm um senso profundo de fraternidade, adoram as pessoas e têm muitos amigos ao longo da vida.

Os anjos dos bebês de Aquário, porém, têm uma tarefa difícil pela frente, pois essas crianças são muitas vezes imprevisíveis, têm a cabeça nas nuvens, vivem perdidas em devaneios sobre o futuro e têm predisposição para acidentes. Elas precisam de amor, de forte orientação para ficar concentradas no presente e de preces aos anjos da guarda, para que velem por elas e as protejam.

Os aquarianos podem ser cheios de surpresas. Embora não sejam naturalmente crédulos, sempre buscam a verdade. São verdadeiros idealistas e muito cedo formulam seus próprios códigos de conduta, que norteiam o modo como eles encaram a vida. Embora muitas crianças prodígio sejam aquarianas, a maioria amadurece mais tarde na vida.

Dizem que as crianças aquarianas correm na direção do futuro. Elas são sensíveis, teimosas, independentes, evasivas e impulsivas. O seu ponto forte é a velocidade vertiginosa com que sua mente trabalha. Elas captam com facilidade a verdadeira natureza das pessoas e das situações e desprezam mentiras e tapeações.

Podem ser autoritárias. Parecem calmas e dóceis à primeira vista, mas são imprevisíveis e cheias de pensamentos e atitudes conflitantes. Não é fácil ser mãe ou pai de uma criança aquariana, e é melhor nem tentar entendê-la. Ela requer que os pais deem um passo para trás e permitam que ela tome suas próprias decisões. Você pode ajudá-la estabelecendo limites e incentivando-a a colocar suas decisões em prática e correr atrás dos seus sonhos.

Os aquarianos vivem em tamanho estado de alerta que seu sistema nervoso muitas vezes é frágil. Eles precisam de muito sono, boa

ORIENTAÇÃO DOS ANJOS

Peço que me ajudem a dar ritmo e ordem à nossa vida diária, para que o meu bebê possa desenvolver hábitos benéficos que promovam o que há de melhor dentro dele. O que eu preciso mudar para criar um clima de disciplina e harmonia na minha casa?

21 de Janeiro a 19 de Fevereiro

alimentação e exercícios. Tendem a ser preguiçosos e podem precisar que lhes ensinem a apreciar atividades ao ar livre e exercícios. Por serem muito sensíveis, podem se sentir incomodados com tensões não expressas em casa; eles parecem ser capazes de ver a alma das pessoas e são capazes de pressentir o que está no ar.

Você deve incentivar a criança aquariana a cultivar a tranquilidade e a harmonia e desenvolver concentração e memória. Seu ponto fraco, no corpo físico, é o sistema circulatório – mais uma razão para encorajá-la a fazer exercícios e atividades ao ar livre. Também convém evitar palavras ásperas, que podem provocar medos exagerados.

Querido Anjo dos Bebês de Aquário, *por favor, proteja e guarde o meu filho de todo mal. Ajude-o a se concentrar em suas tarefas e me ajude a ensiná-lo a ser disciplinado e organizado na vida diária, para que possa cultivar hábitos que o ajudem a colocar suas ideias em prática. Peço para ter paciência e uma atitude saudável com essa criança admirável, até ela chegar à vida adulta.*

Bebês Prematuros

"Que meu bebê ganhe vigor, cresça e encontre o seu caminho com segurança na vida."

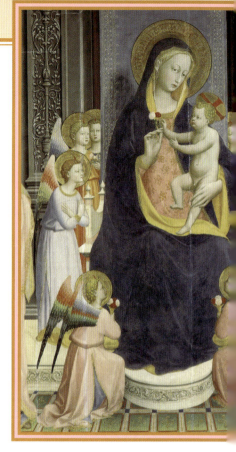

ORIENTAÇÃO DOS ANJOS

Peço aos anjos que ajustem meu relógio biológico ao do meu bebê, para que eu possa perceber suas necessidades. Preciso desenvolver um ritmo constante que nos ajude a acordar juntos, nos alimentar juntos e ser compativelmente ativos. Peço que o meu anjo e o anjo do meu bebê cooperem entre si para criar uma unidade de modo que, quando for hora de descansar, possamos tirar um cochilo juntos, por exemplo. Peço que os anjos me ajudem a reservar um espaço no meu dia para que eu possa manter o meu bebê junto a mim, de modo que ele possa ouvir o meu coração batendo e saber que estou pronta para amá-lo, cuidar dele e protegê-lo, assim como os anjos fazem.

Os bebês que nascem antes do tempo geralmente são acelerados, cheios de força vital e ávidos pela vida. Ao olhar para eles, você talvez se surpreenda ao ver quanta energia eles têm. São pequenos dínamos.

Esses bebês nascem "cedo" simplesmente porque têm muita vontade de viver neste mundo. Eles exibem um entusiasmo incomum, que não se vê nos bebês que ficaram mais tempo no útero. Às vezes eles lutam para respirar e sua respiração pode ser difícil, por isso precisam ser monitorados e constantemente observados. Ajudá-los a relaxar é tarefa dos pais e cuidadores. Quanto mais esses bebês relaxarem e se sentirem seguros, mais fácil será para eles crescerem fortes e saudáveis.

Os bebês escolhem a hora e o lugar em que vão nascer. Eles têm o seu próprio relógio interno e, por alguma razão, sabem quando é a hora de virem ao mundo. Precisamos respeitar o tempo deles e atender às suas necessidades. Isso significa que temos que fazê-los se sentir protegidos, proporcionar a nutrição de que precisam e mantê-los aquecidos, seguros e confortáveis, enquanto seu sistema nervoso ainda está se adaptando à vida fora do útero.

Quando recebem os devidos cuidados, os bebês prematuros crescem rapidamente. Eles conseguem se alimentar, ganham peso e conseguem "alcançar" a curva de crescimento. São bebês ansiosos e saber disso ajuda você a entender seu temperamento agitado, sua irritabilidade e extraordinária curiosidade pela vida.

Se o seu bebê é prematuro, você pode apoiá-lo em todas as fases do seu crescimento reconhecendo sua predisposição para se desenvolver rapidamente e sua necessidade de segurança. Ele tem um relógio interno ativo, que lhe diz quando está com fome, cansado ou precisando de cuidados. Quando presta atenção às suas necessidades de alimento, troca de fraldas ou sono, você mostra que o respeita e auxilia também o seu desenvolvimento.

Entre em sintonia com o Anjo dos Bebês Prematuros e pergunte como você pode ajudar seu filho a viver neste mundo de um jeito seguro. Ele pode voltar a sua atenção para um ritmo de vida regular e constante, que evite o caos e as mudanças rápidas; seu ritmo fluido ao longo do dia precisa estar em sintonia com o do bebê e você precisa estar ainda mais atenta quando ele está agitado.

Prece aos anjos

Querido Anjo dos Bebês Prematuros, por favor me ajude a imprimir à nossa vida um ritmo saudável e benéfico, que mantenha meu bebê feliz, nutrido e confortável, enquanto ele se adapta à vida.
Peço que você me mantenha atenta às mudanças que possam ocorrer com ele e que exijam a minha atenção. Ajude-me a perceber o que preciso fazer para ajudá-lo, em todos os sentidos, até termos certeza de que ele não corre nenhum risco e está crescendo forte e saudável. Abençoe a coragem e tenacidade deste bebê, por querer tanto estar conosco.

Meditação

Durante a gravidez, quando fazia uma pausa para refletir, talvez você pudesse sentir que o parto ocorreria antes do esperado. Você pode ter tido o pressentimento de que o ritmo do seu bebê era mais acelerado do que o seu. Quando cuidar do seu bebê, tente estabelecer um ritmo mais lento para ambos, e um senso mais rítmico do dia e da noite. Isso significa que, durante o dia, há mais atividade e, à noite, existem menos estímulos e vocês podem se entregar a um sono repousante. Quando o seu bebê estiver irrequieto e quiser que você o amamente, troque sua fralda ou brinque com ele, deixe de lado os seus afazeres e faça uma pausa. Mantenha seu bebê perto de você, para que ele possa ouvir as batidas do seu coração e sinta o calor do seu corpo, pois isso vai ajudá-lo a se adaptar aos seus ciclos diários. Mantenha um ritmo constante, fique centrada e tenha paciência enquanto seu pequenino se adapta à vida.

119

Bebês Doentes

"Queridos Anjos, rogo que meu bebê recupere a saúde."

ORIENTAÇÃO DOS ANJOS

Peço que me guiem na direção certa, de modo que eu saiba como ajudar o meu bebê. Ajudem-me a encontrar uma excelente equipe médica para cuidar dele, composta de profissionais confiáveis e cheios de compaixão. Se o meu bebê puder ser curado com a ajuda de métodos alternativos, levem-me até a pessoa que pode ajudá-lo. Se ele necessitar de uma intervenção de emergência ou um especialista, por favor, coloquem-no em boas mãos. Ajudem-me a ficar com o meu bebê pelo maior tempo possível. Posso conversar com ele, diminuir seu sofrimento e confortá-lo. Ajudem-me, por favor.

Para os pais, é extremamente difícil a sensação de impotência diante de um bebê doente. Essa é uma experiência que oprime o coração e abala qualquer pessoa. Ajuda muito quando os pais percebem que é preciso procurar um profissional e que tipo de ajuda procurar. Se o seu bebê nasceu com uma doença grave ou desenvolveu uma, você provavelmente já procurou ajuda médica. Se, no entanto, o seu bebê contrair uma doença menos grave, como uma gripe ou resfriado, mesmo assim você precisa ter cautela e refletir muito bem sobre o tipo de tratamento que vai empregar.

Muitas emoções podem vir à tona quando um filho cai doente. A culpa e a vergonha são sentimentos comuns, enquanto a sensibilidade e a espírito prático ficam meio de lado. Por isso seria melhor para o seu bebê se você procurasse um profissional conscencioso e experiente para aconselhá-la sobre quais as melhores opções para a saúde e o bem-estar dele, e também um parente de confiança ou amigo imparcial que possa ajudá-la a tomar uma decisão.

A prece é um instrumento poderoso para obtermos ajuda espiritual e orientação interior. Recorrer às forças do amor, que fazem parte do reino angélico e representam o Criador, é uma ótima maneira de se tomar uma decisão. Depois que você levou o seu bebê ao médico, seu único recurso é rezar. Você reza pelo bem maior, reza para que seu filho se recupere, reza para se manter forte e persistente enquanto enfrenta esse desafio.

Não é uma tarefa fácil cuidar de uma criança doente. Quando enfrentar um desafio como esse, lembre-se de pedir a ajuda do reino angélico, principalmente do Anjo dos Bebês Doentes. Os anjos lhe darão força, amparo e coragem para fazer o que for necessário para ajudá-lo a se restabelecer. Confie no seu espírito, que é forte e ama o seu bebê.

Prece aos anjos

Querido Anjo dos Bebês Doentes, ajude meu filho a recuperar a saúde e restaurá-la de todas as maneiras possíveis. Ajude a aplacar os meus medos e dê-me coragem para tomar boas decisões pelo meu bebê. Estamos em suas mãos. Entregamos as nossas esperanças e dúvidas aos seus pés. Por favor, dai-nos a graça de um resultado positivo e ajude para que tudo fique bem.

Meditação

Como você vai enfrentar a doença quando ela surgir? Essa é uma pergunta importante para você fazer. Você acha que tem condições de aprender técnicas de primeiros socorros, por exemplo? Você precisa, ao menos, ter alguém que a ajude no caso de doenças mais simples, que provavelmente ocorrerão. Aprender como enfrentar acidentes ou pequenos males pode lhe poupar muitos problemas em casos de emergência. O hábito de rezar para que todos tenham saúde pode criar uma atmosfera benéfica na sua casa e na sua família. Imagine todos bem e saudáveis no final das suas visualizações. Se o seu bebê está doente, ajude-o mentalizando-o saudável e completo, em todos os sentidos. Concentre-se na saúde, não na doença. Ajude o seu bebê também envolvendo-o na luz do amor incondicional e da total aceitação. Seja grata quando o seu bebê se recuperar e tudo ficar bem.

Bebês com Atraso Mental

"Eu amo o meu bebê incondicionalmente e o amparo na vida de todas as maneiras possíveis."

O bebê com atraso mental é, ainda assim, um ser completo e íntegro em si mesmo, embora seja fácil vê-lo como alguém deficiente ou imperfeito. Todos nós temos dons e talentos na vida e, às vezes, crianças com desenvolvimento tardio são os melhores professores para promover nosso desenvolvimento espiritual, nossa conexão com o divino e nossa força interior, enquanto fazemos o melhor possível para cuidar dele.

Muitas mães de crianças com atraso mental confundem a própria identidade com a da criança. Essas mães atribuem cada desafio, derrota e vitória do filho a elas mesmas. Às vezes, as mães precisam saber que os filhos têm a sua própria vida e destino. Quando existe uma dose saudável de separação, a criança tem a oportunidade de desenvolver seu próprio ritmo, sua própria velocidade e seu próprio jeito.

As crianças com atraso mental podem ser auxiliadas em vários sentidos. Elas precisam do seu amor incondicional, total atenção às suas necessidades especiais e a sua alegria por poder ajudá-las a ter mais qualidade de vida. Muito se tem aprendido sobre a saúde dessas crianças, porque elas são numerosas. Sabemos, por exemplo, que muitas vezes precisam de uma dieta especial e terapias. Se souber o que é preciso ser feito para acelerar seu desenvolvimento, isso a ajudará a sentir que está fazendo o melhor possível para auxiliar o seu filho.

Desenvolva um contexto espiritual que a ajude a ver o seu filho como uma criança perfeita, completa e merecedora de amor, bondade e respeito, pois isso é essencial para a saúde dele e a sua também. Deus e os anjos veem todas as criaturas como seres perfeitos e íntegros em seu espírito. Procure perceber a elegância do espírito e você verá que o amor está no cerne de todas as coisas. Desenvolva a sua consciência para ver o seu filho como um todo, perfeito e completo. Desse ponto de vista você pode fazer muitas coisas para ajudá-lo. Peça aos anjos para apoiá-la em todos os seus esforços e envolva o seu filho e você mesma em amor, graça e beleza. Eles podem proporcionar um contexto de amor que viabilize a cura.

ORIENTAÇÃO DOS ANJOS

Rogo para que me ajudem a encontrar a melhor maneira de cuidar do meu bebê. Sejam quais forem as causas do seu problema, eu agora busco soluções viáveis e adequadas propostas por médicos, terapeutas e agentes de cura que possam auxiliá-lo. Ajudem-me a seguir em frente com a minha própria vida e a ter a objetividade de que preciso para cuidar do meu filho.

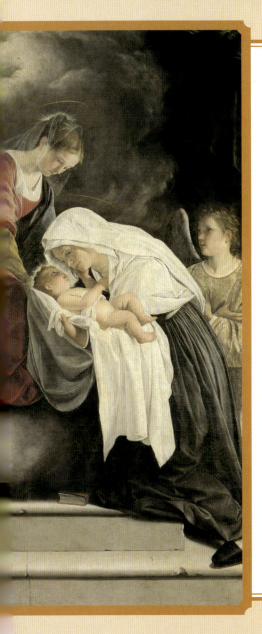

Prece aos anjos

Querido Anjo dos Bebês com Atraso Mental, ajude-me a encontrar os melhores recursos possíveis para ajudar o meu bebê a se desenvolver e a crescer da maneira ideal. Ajude-me a tomar consciência de que esse bebê tem o seu próprio destino e eu tenho o meu. Eu sei que para a cura acontecer eu preciso ter plena convicção de que esse é o caminho de vida do meu bebê. Não é o meu. Eu sei que essa consciência é o melhor caminho para eu ajudá-lo. Por favor, abra as portas que nos levarão à cura que dará ao meu bebê a oportunidade de crescer e se desenvolver. Eu sei que apenas o uso de medicamentos pode não ser suficiente para minimizar o seu atraso. Ajude-me a me perdoar por qualquer coisa que tenha feito no passado e que possa ter causado esse problema. Eu também perdoo qualquer pessoa que tenha contribuído para causar esse problema.

Meditação

Concentre-se no fato de que, se o seu bebê tem um atraso mental, você tem muitas opções e recursos a que recorrer. O diagnóstico do seu médico já lhe dará muitos elementos para pesquisar e entender. Se você é aberta a terapias alternativas, saiba que há muitas que tratam justamente os problemas físicos e mentais que o seu filho pode estar apresentando. Saiba que a medicina convencional não tem todas as respostas para esses problemas. Você pode buscar a orientação de outros profissionais, que poderão ajudar a minorar ou curar o problema do seu filho.
Mantenha-se aberta a todas as possibilidades, peça orientação em suas preces e tenha fé de que seu bebê será curado.

123

Bebês Falecidos

"Meu bebê voltou para o seu lar espiritual. Seu espírito descansa, com a certeza de que foi amado e tratado com muito carinho durante o breve período em que esteve entre nós."

ORIENTAÇÃO DOS ANJOS

Preciso de ajuda para aceitar essa terrível perda. Ajudem-me a perceber que meu bebê cumpriu o seu próprio destino, que não incluía uma vida longa na Terra. Eu sempre guardarei a lembrança do seu belo ser, que alegrou minha vida e tocou-a profundamente. Lamento que ele tenha partido. Ajudem meu parceiro e a mim a seguirmos em frente. Se decidirmos ter outro filho ou adotar uma criança que precise de um lar, por favor, ajudem-nos para que isso ocorra sem dificuldades, caso seja o melhor para nós. Ajudem-nos a sempre nos lembrar do belo ser que nasceu em nossa família com amor e ternura infinita.

A morte de um bebê deixa um imenso vazio, tão doloroso que é quase insuportável. Como você pode lidar com essa perda excruciante e essa dor?

Não a consola muito saber que ele voltou para o reino espiritual, onde é seu verdadeiro lar. Você fica com um sentimento de impotência e a sensação angustiante de que nunca mais vai sentir alegria na vida. É uma grande tragédia perder um bebê e você precisa honrar a sua vida sentindo a dor que a partida dele causou em você.

Depois que esse período de luto passar, você precisa seguir em frente com a sua vida. Precisa decidir se quer ter outro filho ou adotar uma criança. Nenhuma outra preencherá completamente o vazio que essa perda deixou dentro de você, mas você precisa continuar a viver e encontrar uma solução realista com relação ao que você e o seu parceiro querem fazer agora.

Honre o seu passado e crie um espaço para esse bebê. Talvez você queira guardar uma foto dele ou manter na lembrança os bons momentos que passaram juntos.

Prece aos anjos

Querido Anjo dos Bebês Falecidos, rezo pela alma do meu amado bebê e agradeço pelo breve período em que ele ficou comigo. A vida dessa criança representou para mim a maior experiência de amor e a dor mais insuportável da minha vida. Mas eu não trocaria isso por nada, exceto pela possibilidade de tê-lo nos braços outra vez. Abençoe-nos para que possamos dar um novo rumo às nossas vidas; abençoe o nosso bebê, por ter nos escolhido.

 ### *Meditação*

Reserve um tempo para refletir sobre a dor que se abateu sobre você com a perda desse bebê. De que bons momentos você se lembra? Como você quer se lembrar dele? Você consegue rezar pela cura do seu próprio espírito, que acabou de passar por essa prova tão difícil? Você consegue sentir todo bem que existe dentro de você, neste momento em que precisa retomar a sua vida? Essas são perguntas que você só poderá responder quando estiver pronta para liberar a dor e o pesar. Tenha em mente que o seu bebê vela por você, ama e sempre a amará e abençoará, e certamente gostaria que você recuperasse a sua alegria dedicando-se a outra criança.

É só se mantendo bem que você honra essa experiência, seca as suas lágrimas, sente a sua dor e permite que o tempo cure suas feridas e de todos aqueles que conheceram o seu bebê e o amaram.

125

BEBÊS DE PEIXES

Os anjos sabem que suas orientações serão ouvidas e seu amor reconhecido pela criança profundamente espiritual de Peixes. Esse é o último signo do zodíaco e ele incorpora todas as características e a sabedoria de todos os outros signos.

Aqueles que nasceram sob o signo de Peixes trazem um conhecimento do vasto reino das possibilidades que os ajuda a se ajustarem à vida sem muito esforço. Eles têm um espírito forte e são capazes de demonstrar um amor, uma ternura e um entendimento que vão muito além da sua idade. São sempre muito leais. Os piscianos adoram estar em harmonia com o seu ambiente, e seu mundo é um lugar agradável, onde todos são belos e todas as atitudes são amáveis.

O pisciano tem compaixão – está sempre disposto a ajudar quando existe sofrimento ou ignorância – e não costuma fazer julgamentos. Ele nunca critica aqueles que caíram em desgraça devido aos prazeres mundanos ou os erros de julgamento de um caráter fraco.

A maior das qualidades do pisciano é sua natureza espiritual. Ele é intuitivo e guiado pelas emoções. Tem pressentimentos e, na idade adulta, apreende com facilidade a natureza metafísica da vida. Dizem que Peixes nada nas águas profundas da vida.

Ele tem dificuldade para ficar no mesmo lugar por muito tempo e gosta de seguir com o fluxo. Isso significa que tem um grande entusiasmo pela vida, em todas as suas possibilidades. Ele gosta de se mexer, de sentir liberdade e adora "nadar correnteza acima" só para enfrentar os desafios do seu destino. Em seu amor pelo seu bebê de Peixes, não confine nem limite demais a sua capacidade de ex-

> ### ORIENTAÇÃO DOS ANJOS
> Eu procuro valorizar os aspectos sutis e refinados da vida – a beleza e as artes, por exemplo – que meu bebê de Peixes valoriza e cultiva. Ajudem-me a mostrar a ele a beleza à sua volta na natureza, nos relacionamentos e nos objetos. Preciso de orientação com respeito às coisas que posso fazer para promover seu desenvolvimento físico e emocional. Ouvi dizer que os piscianos gostam de ter seus pés massageados e precisam de atividade física apropriada para desenvolver músculos fortes. Para dissipar seus medos, ajuda segurá-lo no colo, embalá-lo e cantar para ele? Eu acredito que o meu bebê tenha capacidade para apreciar a música. Ajudem-me a transmitir a ele o quanto eu o amo e a certeza de que sempre estarei ao seu lado.

20 de Fevereiro a 20 de Março

plorar o mundo. Seu bebê é um explorador natural e não gosta que lhe imponham limites.

Os piscianos adoram a sutileza e reagem mal se o ambiente em que estão é muito iluminado, desarmônico e brilhante. A música é importante para eles e seu bebê apreciará se você cantar para ele ou colocar para tocar uma música suave. Os piscianos adoram ser tocados, embalados e carregados no colo. Você pode compartilhar o seu amor pelo seu bebê de Peixes e ele demonstrará toda sua aceitação e confiança.

Os piscianos são muito criativos quando buscam soluções para os problemas e muitas vezes não se incomodam com irritações que afetariam outros signos. Eles não são crianças difíceis; a mãe de um bebê de Peixes será a primeira a lhe dizer como seu bebê é bonzinho.

Por ser um signo de Água, os piscianos são emocionais, profundos e capazes de compreender o verdadeiro significado da vida. Eles também adoram os aspectos físicos da água, por isso tomar banho, nadar e ser embalado são coisas realmente agradáveis para ele.

Embora os piscianos possam parecer mais frágeis quando bebês, eles adquirem força e resistência à medida que crescem. Podem ser tímidos e evitar competições, a menos que sejam estimulados a fazer o seu melhor. Adoram o palco e muitos se tornam atores, mas, como conhecem bem os sofrimentos do mundo, também são ótimos médicos e agentes de cura.

Querido Anjo dos Bebês de Peixes, *olhe pelo nosso bebê, para que ele possa cultivar a sua força interior e inteligência nata. Ajude-o a tomar decisões positivas a escolher o que irá ajudá-lo a cumprir seu destino. Permita-nos entender a sensibilidade que essa criança traz ao mundo.*

AGRADECIMENTOS

A autora gostaria de expressar seu muito obrigada, seu amor e sua gratidão a:

Bill e Rosy Edmunston, que nos abençoam em espírito, e sua filha Betsy Evans Banks e marido, Brian Banks, ambos artistas de primeira linha e amigos abençoados. Este livro foi escrito, com amor e gratidão, na casa deles, Ledge Lodge, em Walker Pond, Blue Hill, Maine.

Minha filha adotada, Inelia Benz, que me presenteou com sua bela consciência expandida e amorosa amizade.

Queridos amigos Mary Jane e HMS Crich, que me ofereceram um lugar no seu coração, com amor, consciência e boas risadas.

Minha irmã, Nita Steinberg, que cresceu comigo e agora é uma amiga valiosa.

Deborah Admiral e Nina Norell, pela dádiva que representa sua consciência amorosa. Sou muito grata a ambas pelo apoio e fluxo de cura constante que tornaram este livro possível.

Amy Carroll, que viu a possibilidade de criarmos um livro em que bebês e anjos poderiam compartilhar suas dádivas ao mundo.

CRÉDITOS DAS FIGURAS
Bridgeman Art Library

p2; p10-11; p12-13; p16-17; p 18-19; p. 22-13; p. 24-25; p. 28-29; p30-31; p32-33; p36-37; p38-39; p40-41; p42-43; p44-45; p46-47; p54-55; p56-57; p58-59; p60-61; p62-63; p64-65; p66-67; p68-69; p70-71; p72-73; p74-75; p76-77; p78-79; p82-83; p84-85; p86-87; p90-91; p92-93; p94-95; p96-97; p98-99; p102-103; p104-105; p106-107; p108-109; p110-111; p114-115; p116-117; p120-121; p124-125.

© Leemage

p8-9; p14-15; p26-27; p34-35; p48-49; p52-53; p80-81; p88-89; p100-101; p112-113; p118-119, p122-123.

Photolibrary

p20-21, p50-51.